EL TALENTO IMPORTA

SELECCIÓN DE PERSONAL *AVANZADA*:
+100 AÑOS DE CONOCIMIENTO

EL TALENTO IMPORTA

VOLUMEN 1

Cómo una Buena Selección y Contratación de Personal Impulsan el Éxito Organizacional

CRISTIAN F. CASTILLO

Copyright © 2024 Cristian F. Castillo
Todos los derechos reservados

Ninguna parte de esta publicación puede ser reproducida, distribuida o transmitida en cualquier forma o por cualquier medio, incluyendo fotocopias, grabaciones u otros métodos electrónicos o mecánicos, sin el permiso previo por escrito del autor, excepto en el caso de breves citas incluidas en reseñas críticas y otros usos no comerciales.

Kindle Direct Publishing

Contenido

Introducción a la Serie..1

Introducción al libro..16

2. El Valor del Talento..24

3. Selección de Personal y Productividad
Organizacional...34

4. ¿Qué es el talento?..45

5. ¿Cómo Seleccionar a un Talento?......................62

Referencias Bibliográficas..67

Apéndice..75

Acerca del autor..93

Obras Destacadas..95

Introducción a la Serie

El libro que estás leyendo comenzó como un ambicioso proyecto académico destinado a cubrir exhaustivamente el proceso de selección de personal. Diseñé y completé una obra mastodóntica de más de 900 páginas y 700 referencias, apoyándome en una vasta gama de recursos que incluían desde libros académicos, libros profesionales, manuales de psicología, cursos, podcast y estudios de investigación científica.

La motivación detrás de este enorme esfuerzo radicaba en mi pasión por la psicología organizacional y mi deseo de crear una guía clara y exhaustiva que presentara métodos probados, basados en más de 100 años de investigación, para identificar y seleccionar a los mejores y más exitosos candidatos.

Sin embargo, «ese libro ya no existe».

A lo largo del proceso, me enfrenté a una realidad ineludible —su complejidad y longitud lo convertían en una obra no solo densa, sino también altame7nte tediosa para la mayoría de los lectores potenciales—. ¿Quién iba a leer un libro académico de más de 900 páginas?

Este descubrimiento fue desalentador; después de todo, mi objetivo era educar y facilitar la comprensión, no ver este libro acumulando polvo en la estantería de alguien. Trabajé en el manuscrito durante más de cuatro años y, después de tanto esfuerzo, sentí la necesidad imperiosa de hacer algo para asegurarme de que cumpliera realmente su propósito. Finalmente, cuando estaba prácticamente terminado, me di cuenta de que tendría un mayor impacto si lo reestructuraba de manera diferente.

—¿Qué hice?

Decidí descomponer el vasto contenido en partes más digeribles, transformando el proyecto de casi mil páginas en una serie de libros cortos, cada uno enfocado en un aspecto diferente del proceso de selección de personal. Por ejemplo, uno se enfocaría en las técnicas de entrevista, otro en la evaluación de la personalidad, y un tercero en la medición de la inteligencia, por mencionar algunos.

Te preguntarás: «¿Es realmente necesario un libro específico para cada método y procedimiento de selección?». Y, además, «¿no haría esto que los libros en conjunto sean aún más largos de lo que era previamente?».

La respuesta es simple: sí y sí.

Después de ver innumerables libros sobre selección y contratación de personal en Amazon y otras plataformas, de entre 200 y 300 páginas, que prometen ser la fórmula secreta para la selección eficaz, te sorprenderá el lanzamiento de una serie de libros cortos sobre selección de personal que, en conjunto, suman probablemente más de 1000 páginas.

Sin embargo, aunque parezca abrumadora, la riqueza y complejidad del conocimiento sobre la selección de personal lo justifica. Después de todo, contamos con más de 100 años de conocimiento en el campo de la psicología Industrial/Organizacional (I/O). Y, evidentemente, esta serie será larga y exhaustiva, pero también completa, integral y enriquecedora. Además, nunca prometí que sería fácil ni más corta. ¿No creerás que es posible convertirse en un verdadero experto en selección con un libro de 200 páginas? ¿O sí? Esta serie no promete ser corta ni fácil, promete convertirlo en una autoridad en la selección y contratación de personal. Esto responde, en parte, a quién y para quién están dirigidos estos libros. Si realmente quiere aprender y convertirse en un experto avanzado en la selección y contratación, esta serie es para usted.

Le invito a ver esta serie como una maestría y/o curso especializado en selección; necesitará esfuerzo, tiempo y dinero, pero al final, «ser un experto tiene un coste».

Esta serie de libros cortos funcionará de manera similar a las temporadas de una serie de televisión, donde cada libro representa una temporada que se construye sobre la anterior, pero también puede ser disfrutada de manera independiente (más adelante desarrollo este punto).

¿POR QUÉ DEBERÍA LEER ESTA SERIE? Y, MÁS IMPORTANTE, ¿POR QUÉ DEBERÍA INVERTIR DINERO Y RECURSOS EN ELLA?

Le ofrezco siete razones:

Exhaustividad: Al ser una serie de más de 1000 páginas en conjunto, se abordará extensivamente temas muy específicos. Esto significa que no necesitarás información adicional de otras fuentes. Todo lo que necesitas lo encontrarás aquí en esta serie. Esto incluye «pruebas psicológicas gratuitas».

Conocimiento Práctico y Actualizado: Cada libro ofrece técnicas y métodos prácticos basados en la investigación más reciente, garantizando que tu conocimiento sea relevante, útil y esté en sintonía con las tendencias actuales.

Flexibilidad: Esta serie está diseñada para adaptarse a tu ritmo y estilo de aprendizaje, permitiéndote profundizar en los temas que más te interesen o necesites. Por ejemplo, si deseas aprender cómo realizar entrevistas, puedes enfocarte en ese libro en particular.

Independencia: Cada libro puede ser disfrutado de manera independiente, facilitando el acceso a temas específicos sin necesidad de leer toda la serie (más adelante desarrollo este punto).

Actualizaciones Gratuitas de por Vida: Al adquirir los libros de esta serie en formato Kindle, tendrás acceso gratuito a todas las futuras versiones y ediciones. Esto significa que siempre estarás al día con las últimas investigaciones y prácticas en selección de personal, sin costo adicional. Comprar esta serie te asegura no solo un conocimiento exhaustivo, sino también la tranquilidad de recibir «actualizaciones continuas y perpetuas».

Relevancia Internacional: Gracias a su enfoque universal, los contenidos ofrecen soluciones adaptables a diversos contextos y culturas, permitiendo que las organizaciones de diferentes partes del mundo puedan implementar estos métodos de manera eficiente.

Crecimiento Profesional: Esta serie te garantiza «convertirte en una autoridad en la selección de personal». Por tanto, no dudes en verla como una inversión estratégica en tu crecimiento profesional.

Si estas siete razones no han sido lo suficientemente persuasivas para convencerte, permíteme presentarte dos factores adicionales que creo deberías considerar:

Por un lado, encuestas, estudios de campo y más encuestas revelan consistentemente que los empleadores de múltiples países y organizaciones (de diferentes tamaños y rubros) no utilizan las mejores prácticas recomendadas por la investigación (Abrahamsen & Smith, 1992; Piotrowski & Armstrong, 2006), por lo que es probable que el sistema de selección de tu organización no sea la excepción.

Y, como bien sabemos, cuando existe una falencia en la práctica, también existe una necesidad de mejora. Por lo tanto, es una oportunidad clave que puede aprovechar. Si alguna vez ha querido sobresalir y tener éxito en su vida profesional, esta es su gran ocasión. Lea esta serie y destaque aportando verdadero valor a su organización.

Segundo, si bien la investigación en la selección de personal tiene más de un siglo de historia. Hasta donde tengo entendido, sólo existe un libro en habla hispana que aborda apropiadamente este tema (Chamorro-Premúzic & Furnham, 2010), paradójicamente este libro es traducido del inglés. No obstante, este no es exhaustivo, es puramente académico y tiene más de 14 años a la fecha. Por lo tanto, un libro actualizado y comprensible es necesario.

Como supondrás: «Este es ese libro». Y, hasta donde sé, es el recurso más completo, riguroso y exhaustivo sobre la selección de personal jamás publicado en la literatura hispana e inglesa.

¿POR QUÉ DEBERÍA CONFIAR EN MÍ Y EN LO QUE DIGO EN ESTOS ESCRITOS?

Confiar o no en lo que digo en esta serie únicamente por ser quien soy, no soy, o podría ser o no ser, quizá sería un error, pues esta serie no es completamente mía.

—Lo sé...

Suena un poco confuso…

Así que permíteme explicarlo.

Para escribir estos libros tuve el privilegio de poder acceder a múltiples fuentes, conocí y aprendí del trabajo de numerosos psicólogos organizacionales distinguidos por su seminal y sustancial contribución al campo de la psicología I/O y en particular a la selección de personal.

Así que sería presuntuoso decir que este libro (y serie) es mío en derecho propio. No, estos están basados en el amplio trabajo de, por ejemplo; Frank L. Schmidt, John E. Hunter, Deniz S. Ones, Chockalingam Viswesvaran, Jesús F. Salgado, Robert Dipboye, Allen Huffcutt, Michael Campion, Adrian Furnham, Robert P. Tett, Scott Highhouse, Paul R. Sackett y otros cientos académicos, autores y eruditos excelsos en selección.

Esta serie se basa en el trabajado de estos y otros autores. Y aunque, esta serie se sustenta en más de 700 fuentes entre artículos científicos, manuales, libros de textos, libros profesionales, entrevistas, conferencias, cursos y disertaciones en distintos campos (como notará en el apartado de referencia); aun así, como aprendizaje de ellos, he verificado y confirmado todas mis declaraciones en diversas fuentes (además de las referenciadas), por lo que no tengo más que agradecimiento a todos estos autores (y a muchos otros que han sido excluido para hacer esta serie más manejable y legible). Ciertamente sin ellos no hubiera sido posible escribir esta serie, ciertamente esta serie también es de ellos.

Entonces, ¿quién soy?

No importa quién soy. No confíe en mí, confíe en ellos. Y si no en ellos, confíe en la ciencia, que se basa en datos y hechos, no en nombres ni apellidos.

¿CÓMO ESTÁ ORGANIZADO ESTA SERIE?

Esta serie se divide en tres volúmenes, cada uno diseñado para proporcionar una comprensión integral del proceso de selección desde diferentes ángulos y partes del proceso. Piense en esta serie como en la producción de una película: el Volumen 1 constituye la preproducción, donde se sientan las bases y se establecen los principios para el trabajo posterior. El Volumen 2 representa el rodaje, donde se recopilan escenas e información sólida y confiable para evaluar a los candidatos. Finalmente, el Volumen 3 se centra en la edición y el montaje final, con énfasis en la crucial decisión de seleccionar las mejores tomas y mejores candidatos.

A continuación, revisaré en más detalle cada volumen.

Volumen 1: Fundamentos

El Volumen 1 consta de dos libros: el primero, *El Talento Importa*, se centra en examinar, a través de la evidencia, si el talento es realmente crucial para las organizaciones y, en consecuencia, si la selección de personal mediante la contratación de talentos contribuye efectivamente al éxito de la organización. Este libro sienta las bases de esta serie, ya que, si el talento y la selección no son importantes, esta serie lo sería aún menos.

Por otro lado, el segundo libro, *Fundamentos Avanzados de la Selección de Personal*, aborda conceptos técnicos específicos y de investigación que son cruciales para comprender plenamente el resto de la serie. Además, en este libro se establecen los criterios para evaluar qué tan efectivo es un constructo o método de selección, temas que abordaremos en el segundo volumen (Por cierto, puede descargar gratuitamente la versión PDF de este libro en el apéndice A).

En conjunto, los libros del Volumen 1 son los pilares de la serie SELECCIÓN DE PERSONAL *AVANZADA*: +100 AÑOS DE CONOCIMIENTO, ya que son imprescindibles para comprender clara y efectivamente el resto de la serie. Por tanto, su lectura es «obligatoria».

Volumen 2: Métodos y Procedimientos Avanzados

Este volumen está compuesto por una colección de libros que abarcan diversos constructos, métodos y procedimientos de selección. Aquí se exploran en profundidad y con una lente crítica técnicas muy específicas. Aunque inicialmente se planeaba que este volumen constara de ocho libros, la cantidad puede aumentar para incluir nuevas herramientas y métodos de selección emergentes. Por el momento, este volumen constará de:

1) Métodos precientíficos (por ej., fisiognomía grafología y técnicas proyectivas).
2) Inteligencia (también conocido como capacidad mental general).
3) Inteligencia emocional.
4) Personalidad.
5) Entrevista (2 partes).
6) Currículum vitae.
7) Referencias laborales.
8) Centro de evaluación (Assessment center en inglés).

Cada libro de este volumen te proporcionará una guía detallada y científicamente fundamentada sobre la implementación y el uso efectivo de estos métodos en el proceso de selección. Para ser más preciso, expondré lo que más de 100 años de investigación han revelado acerca de la mejor manera de usar e interpretar estos métodos para maximizar su efectividad. Sin lugar a dudas, este volumen constituye el núcleo de la serie.

Volumen 3: La Decisión Final

En un proceso de selección estándar, evaluamos a múltiples candidatos a través de una serie de procedimientos (como los mencionados en el Volumen 2) y, al final, obtenemos una cantidad considerable de resultados. Este único libro aborda precisamente esta cuestión: ya tienes todos esos resultados, ¿y ahora qué? Ahora es el momento de decidir a quién contratar. ¿Cómo hacerlo? «De eso trata este libro».

Muchos autores y profesionales sostienen que la decisión final en la selección de personal debe recaer en el gerente o jefe del puesto vacante. Sin embargo, aunque esto pueda parecer razonable, la evidencia indica que, dista mucho de ser la más efectiva.

La toma de decisiones en la selección es un tema fundamental en esta serie. De poco y nada sirve estudiar esta serie y aprender a utilizar una variedad de pruebas debidamente validadas si, en última instancia, la decisión recaerá en alguien que apenas y las tendrá en cuenta. Por tanto, esta lectura también es «obligatoria».

Como habrás observado, esta serie está compuesta, en principio, por una docena de libros. Ahora, antes de que apagues tu dispositivo o cierres este libro, lo tires por la ventana y le prendas fuego, considera dos aspectos fundamentales. Primero, no es necesario que leas todos estos libros; céntrate en aquellos que te resulten de utilidad práctica (o, al menos, comienza con ellos). Quiero decir, si en tu organización actual solo se llevan a cabo entrevistas y pruebas de inteligencia, dedica tu tiempo y esfuerzo a leer y aprender sobre esos métodos específicos.

Segundo, estos libros son relativamente cortos, con una extensión que oscila entre las 100 y las 150 páginas. Por lo tanto, si, como la mayoría de nosotros, lees alrededor de 200 palabras por minuto, te tomará alrededor de 2 a 3 horas leer cada libro. Y en total, te llevará alrededor de 30 horas leer toda la serie. Esto es, sin exagerar, mil veces menos de lo que me tomó a mí aprenderlo y escribirlo, y cien veces más rápido que completar un diplomado o una especialización. «Dedicar 30 horas para adquirir el conocimiento de una especialización me parece, sin duda, un excelente trato».

RECOMENDACIÓN DE LECTURA

Para aprovechar al máximo esta serie, te recomiendo leer obligatoriamente los dos únicos libros del Volumen 1 antes de pasar a los otros volúmenes. Estos libros te proporcionarán la base teórica y práctica necesaria para entender y aplicar eficazmente los métodos y técnicas discutidos en los libros posteriores. Comprendo que la parte conceptual puede parecer tediosa para muchos lectores, pero es un apartado esencial cuya omisión podría dificultar la comprensión del resto de la serie. Veamos un ejemplo.

Supongamos que decides saltarte los libros del Volumen 1 y pasar directamente a los del Volumen 2, pensando que estos no son importantes. En este caso, cuando se aborde un método específico y se describa un estudio metaanalítico, no podrás comprender y apreciar la verdadera fuerza de este estudio. Y, podrías caer en el error de creer que los resultados de dicho estudio solo se aplican a un tipo de organización en particular y no a la tuya u otras diferentes. O, podrías darle más importancia a un estudio empírico con 100 participantes que leíste en otra parte al metaanálisis mencionado.

Cuando esta cadena de errores y suposiciones incorrectas se podría haber evitado leyendo estos libros—especialmente el de *Fundamentos Avanzados de la Selección de Personal*—. En este libro, aprenderás que los resultados de un metaanálisis tienen más fuerza y peso que los de un estudio empírico y que estos resultados son generalizables a otras organizaciones, incluida la tuya. Este principio se extiende a otros conceptos y métodos de investigación. Por tanto, te animo a que leas estos libros.

Antes de finalizar esta introducción, considero importante resaltar que la serie «SELECCIÓN DE PERSONAL *AVANZADA*: +100 AÑOS DE CONOCIMIENTO» es un reflejo inequívoco del área de conocimiento de la psicología I/O que atesora, hasta la fecha, más de cien años de investigación. Por consiguiente, debe quedar claro que, si esta serie tiene algún fundamento, este radica en la ciencia. Esta serie no es una recopilación de anécdotas y opiniones personales.

Si lo que revelan más de 100 años de conocimiento en investigación no le resulta lo suficientemente convincente o atractivo, quizá le resulte relevante saber que la mejor práctica y la más efectiva que se puede llegar a emplear en cualquier campo y rubro es aquella respaldada por datos, es decir, aquella respaldada por la investigación. Esto está claro, y grandes compañías multinacionales del primer mundo, como Google, Amazon y Apple, la adoptan.

—Por último,
No te voy a engañar.

Sin lugar a dudas, será un viaje largo, rocoso y exigente. Pero también será una experiencia memorable, instructiva y enriquecedora. Puede que en muchos momentos sienta el impulso de rendirse y abandonar, abrumado por la extensión, la robustez y las complejidades a las que se enfrentará en esta serie. No obstante, a medida que avancemos y descubra conocimientos prácticos que nunca pensó posibles, comprenderá que cada hora, dólar, minuto y centavo destinados habrán valido la pena.

Mi esperanza es que las pautas que se ofrezcan en esta serie le sean de utilidad para afrontar los retos aparentemente irresolubles de la selección de personal, y que esta serie se erija como un manual de consulta estándar acerca de la eficacia de los métodos y procedimientos de selección. También que esta serie de libros promueva un movimiento de la práctica basado en evidencia, que avive su deseo de aprender más sobre la ciencia de la selección, que disfrute su lectura (y, de ser así, lo recomiende) tanto como yo lo hice al escribirlo. Si alguno de estos objetivos implícitos se ve cumplido, se podría decir que esta serie ha tenido éxito.

Dicho esto,
Empecemos.

¡Bienvenido a la primera temporada de un emocionante viaje a través de más de 100 años de conocimiento en la selección de personal!

Introducción al libro

En algún momento, todos hemos tenido la oportunidad de observar a un trabajador brillante. Un trabajador que llega a las 7 am y sale a las 8 pm, cuando el trabajo estándar estipula un horario habitual de 8 a 5. Todos hemos observado alguna vez a un trabajador que no falta deliberadamente al trabajo, más bien siente pasión por él. Un trabajador que ayuda constantemente a sus compañeros, se lleva bien con ellos y los motiva a mejorar. Alguien que se capacita constantemente, siempre está al tanto de los nuevos avances y tendencias en su campo, da lo mejor de sí y realiza sus tareas con eficacia. Pero no solo eso, sino que también toma iniciativa, se anticipa y ofrece soluciones efectivas a los problemas que se presentan en el trabajo ¿Qué tan bueno sería contratar solo a trabajadores con estas características?

Por el contrario, también hemos observado a esos trabajadores que siempre llegan tarde, son irresponsables y casi nunca están disponibles cuando más se les necesita. Siempre piden ayuda porque no pueden hacer su trabajo por sí mismos, y cuando lo hacen, es deficiente y requiere correcciones importantes.

Dan lo mínimo en el trabajo, se ausentan sin previo aviso, discuten constantemente con sus compañeros y no son capaces de establecer relaciones cordiales con los clientes. En ocasiones, incluso se les ha visto robando artículos de la organización. Nunca propone mejoras en los procedimientos y no parecen estar interesados en crecer profesionalmente ni en contribuir de mejor manera a la organización. ¿Qué tan malo sería contratar solo a trabajadores con estas características?

Responder estas dos preguntas es fundamental para los propósitos de esta serie, los libros de selección, y prácticamente todo el campo de la Psicología Industrial/Organizacional (I/O). Pues todos ellos se basan en la suposición de que la contratación de empleados talentosos es beneficiosa y tiene un impacto significativo en las organizaciones. En cambio, asegura que las malas decisiones de contratación pueden ser perjudiciales para las organizaciones, produciendo pérdidas económicas considerables debido a errores, oportunidades perdidas y salarios pagados a empleados inadecuados.

Pero, ¿es válida esta premisa? Es decir, ¿es el talento —y, por ende, la selección de personal— realmente importante?

Para los psicólogos de selección, profesionales de RR. HH., gerentes y todo el personal involucrado en la contratación de personas, solo una respuesta afirmativa es aceptable. Pues solo una respuesta afirmativa establecería los cimientos necesarios para sustentar la labor de la selección, validar la inversión realizada y reforzar la importancia de la selección en las organizaciones.

Pero, repito ¿es esto realmente cierto?

La respuesta corta es: sí, totalmente. Este libro te mostrará por qué. O, dicho de otra manera, este libro proporcionará esos cimientos.

Este libro fue escrito con dos propósitos en mente: en primer lugar, responder a la pregunta de si el talento es realmente importante para las organizaciones; en segundo lugar, determinar si la contratación de personal talentoso contribuye efectivamente al éxito organizacional. Sin embargo, este libro no solo se limita a dilucidar si el talento y la selección son importantes o no, sino también de determinar en qué grado lo son y de qué manera esta relevancia se traduce en un aporte al desempeño organizacional.

En resumen, este libro fue creado para proporcionar una base sólida que respalde la práctica de la selección de personal.

Por último, una aclaración conceptual.

Para facilitar y mejorar la comprensión, a lo largo de este libro, emplearé tres términos específicos para clasificar el nivel de desempeño habitual de los trabajadores:

- Talentosos/brillantes: Aquellos que consistentemente superan las expectativas y producen resultados excepcionales.
- Promedio: Aquellos que cumplen con las expectativas mínimas de desempeño.
- Pobres o de bajo rendimiento: Aquellos que no cumplen con las expectativas mínimas de desempeño y pueden tener un impacto negativo en la organización.

Comencemos.

1
La Importancia del Talento en las Organizaciones

"Si las personas de una organización son el motor de su éxito, entonces las decisiones que se toman sobre qué personas se unen a la organización son las decisiones más importantes que toma la organización" (Horstman, 2019, p. 2).

—**Mark Horstman**, Cofundador y socio gerente de "Manager Tools LLC", una consultoría de Gestión. Y autor de *The Effective Hiring Manager*.

"El futuro de cualquier organización depende únicamente del tipo de empleados que tenga y eso hace que la selección sea un aspecto crucial del proceso general de contratación" (Bhattacharyya, 2015, párrafo 4).

—**Achal Khanna**, Director general de *SHRM* en India.

"El éxito de la mayoría de los negocios de hoy depende más de activos humanos que de activos físicos o financieros" (Harvard Business Review, 2003, sección introducción).

—**Harvard Business Review**, Revista de negocios proveniente de *Harvard Business School*.

"De todas las decisiones que se toman como gerente, ninguna es más importante que la selección del personal" (Dinteman, 2003, sección prefacio).
—**Walter Anthony Dinteman**, Autor de *Zero Defect Hiring*.

"Durante mucho tiempo se ha afirmado ampliamente que las personas son el recurso organizacional preeminente y la clave para lograr un desempeño sobresaliente [...] Hasta hace poco, esta afirmación era en gran parte una declaración de fe. Nuestros resultados se suman a la creciente evidencia empírica que sugiere que tales afirmaciones son ciertas" (Delaney & Huselid, 1996, pp. 964-965).

—**John T. Delaney**, Vicepresidente de Asuntos académicos en Saint Vincent College.

—**Mark A. Huselid**, Profesor y Director del Centro de Análisis de la fuerza trabajo en la Escuela de Negocios de D'Amore-McKim.

En cualquier lugar que revisemos—revistas de Psicología (I/O), revistas de negocios, manuales, libros académicos, libros profesionales, artículos de investigación, artículos de periódicos, cursos, podcasts, entrevistas y conferencias en gestión, entre otros—vamos a encontrar que la selección de personal es uno de los procesos más importantes (si no el más importante) de las organizaciones. Esto se debe a que, como señalan muchos de los autores citados, seleccionar a las personas correctas en los puestos correctos es un aspecto clave y fundamental para tener una ventaja competitiva y lograr el «éxito organizacional».

La creencia de que el capital humano es importante para lograr el éxito organizacional parece ser simplemente *incuestionable*, al punto de que ha llevado a numerosos empleadores a invertir una parte significativa de sus recursos en el desarrollo de su personal. Por ejemplo, se ha estimado que en 2019 solo en EE. UU., las organizaciones gastaron 83 mil millones de dólares en entrenamiento (Freifeld, 2019).

Un ejemplo referente es Google, que ofrece a cada uno de sus empleados "100 horas anuales de capacitación" para su desarrollo profesional (Cascio & Boudreau, 2011), y McKinsey & Company, que ofrece becas de "MBA" y otros postgrados como parte de su estrategia de desarrollo de carrera. Lo que no sucedería si no existiera la firme convicción de que las personas son un activo fundamental para alcanzar los objetivos organizacionales.

No obstante, a pesar de este creciente optimismo, es inevitable hacerse la pregunta: ¿será verdad? Es decir, ¿el capital humano y, por ende, la calidad del sistema de selección de personal influye realmente en el desempeño organizacional? Responder esta pregunta es el corazón de este libro.

Cuando me propuse por primera vez escribir este libro (ahora serie), tenía tres pensamientos bastante firmes: 1) creía que las personas talentosas pueden aportar un valor significativo a las organizaciones, en comparación con los trabajadores promedio y pobres; 2) creía que a través de un procedimiento de selección cuidadoso se podría contratar a gente talentosa; y 3) pensaba que la organización que llevara a cabo mejor esta tarea tendría más probabilidades de tener éxito que una organización que contratara trabajadores promedio o pobres.

Poco tiempo después, comprobé que las dos primeras creencias resultaron ser ciertas (evidencia desarrollada más adelante), mientras que la tercera era una suposición que aún no había sido probada, lo cual fue, en principio, desolador. Me sentí aliviado al saber que no era el único cuando descubrí que muchos otros expertos en selección también se habían sentido de la misma manera y, aun así, a falta de evidencia directa, continuaron creyendo firmemente en la validez de esta suposición.

Cook (2016), en su libro *Personnel Selection: Adding Value Through People - A Changing Picture*, aclara perfectamente este punto al señalar que no existe evidencia que sustente un vínculo directo de causa-efecto entre la calidad de la selección de personal y la productividad organizacional Esto se debe a que, para empezar, realizar un estudio de esta magnitud sería extremadamente complejo y sumamente costoso.

De hecho, Cook menciona que un estudio de este tipo requeriría, por ejemplo, la creación de tres empresas idénticas (es decir, con la misma misión-visión, mismo rubro, mismo mercado, ubicación, tamaño, etc.). Luego, se instruiría a cada organización que utilizara un procedimiento de selección diferente.

Por ejemplo, la empresa «A» podría utilizar los mejores procedimientos de selección existentes para seleccionar a los trabajadores más talentosos. La empresa «B» emplearía un procedimiento medianamente aceptable para contratar a sus trabajadores y, finalmente, la empresa «C» aplicaría un procedimiento de selección deficiente, contratando, por ejemplo, al personal que fue descartado por la empresa «A». Pasado un año, se observaría cómo le ha ido a cada organización (Cook, 2016). Si la empresa que contrató a los mejores empleados (empresa «A») tiene más éxito que las otras, se podría atribuir este éxito a la calidad del sistema de selección de personal. Sin embargo, si las tres empresas tienen un éxito similar, o si tanto la empresa «A» como la «C» muestran niveles de éxito comparables, no se podría concluir con certeza que la calidad de la selección de personal es el factor diferencial.

No obstante, como se señaló, este estudio no se ha realizado (y probablemente nunca se hará), por lo que no se puede asegurar la existencia de un vínculo directo de causa-efecto entre la calidad de la selección y el éxito organizacional.

Tenga en cuenta que para comprobar una hipótesis de causa-efecto, se deben cumplir tres condiciones:

1) Se debe comprobar que el efecto no ocurrió antes de la causa. Es decir, si se hipotetiza que X produce Y, debe demostrarse que Y solo ocurrió cuando se empleó X y no antes.
2) Debe haber una correlación entre las dos variables X y Y.
3) Deben eliminarse otros posibles factores que puedan explicar el surgimiento de Y. Es decir, se debe demostrar que el surgimiento de Y se atribuye explícitamente a la presencia de X y no a otros factores (Cascio et al., 2019).

Como podrá notar, realizar un estudio experimental para comprobar que la calidad de la selección de personal contribuye al éxito organizacional es extremadamente complejo y difícil de ejecutar. Por tanto, aunque el estudio propuesto por Cook se puede realizar, y esa posibilidad es «real», quizá solo exista en teoría.

Sin embargo, el hecho de que no haya evidencia directa de causa-efecto no significa necesariamente que la hipótesis sea falsa o que no haya evidencia para apoyar esta proposición. Y la existencia de otros factores adicionales que influyen en el éxito organizacional (como el estado económico del país, el impacto político, la suerte, etc.) tampoco disminuye el valor de la selección de personal como predictor. En contraste, es solo un indicativo que el desempeño organizacional depende de múltiples factores, y que uno de ellos puede ser la calidad de la selección de personal.

Además, existe otro tipo de evidencia (con diferentes diseños de investigación) que sugiere que el uso de métodos de selección más válidos puede resultar en ganancias residuales más significativas en productividad y, como consecuencia, contribuir a que la organización logre sus objetivos organizacionales.

Pero, antes de tocar esta evidencia, es preciso abordar un tema clave que subyace a nuestra hipótesis: «¿importa el talento?». Dicho de otra manera, «¿cuál es el valor del talento?» Y, «¿cuál es la diferencia de productividad entre el talento y un trabajador promedio y pobre?»

Definir el valor del talento y sus brechas de productividad es de suma importancia, ya que, en teoría, partimos de la premisa de que el talento o una persona talentosa puede y suele tener un desempeño superior al de una persona menos talentosa. La pregunta entonces es: «¿cuán mejor se desempeñan y qué valor representan esas diferencias?»

Responder a esta pregunta es clave para responder a nuestra pregunta principal. De hecho, es fundamental para la valía de esta serie (y los cientos de libros existentes de RR. HH. y de selección de personal). Y "probablemente sea la [respuesta] más importante para el campo de la psicología industrial/organizacional" (Schmidt & Hunter, 1983, p. 407).

¿Por qué? Porque solo en la medida en que haya una diferencia significativa en el valor del desempeño entre una persona talentosa y no talentosa, el empleo de intervenciones de recursos humanos podría justificarse (esto incluye intervenciones en selección, capacitación, bonificación, bienestar organizacional, cultura, etc.). Y solo en la medida en que estas diferencias sean sustanciales podría argumentarse, al menos en teoría, que el capital humano y, en particular, la calidad de la selección de personal, tienen un impacto significativo en el éxito organizacional.

Considere el siguiente ejemplo: si en promedio los empleados talentosos venden 50 autos al mes, mientras que los vendedores menos talentosos (o trabajadores promedio) solo venden 48 y los vendedores más pobres (de bajo rendimiento) apenas alcanzan los 46. Si esta fuera la diferencia real en productividad entre una persona talentosa, promedio y pobre, ¿importaría la calidad de la selección para el éxito organizacional?

Evidentemente no. ¿Por qué? Porque incluso los trabajadores más pobres venderían cantidades similares de autos que los trabajadores promedio y talentosos.

En este sentido, no sería razonable invertir en sistemas de selección exhaustivos que apunten a contratar personal talentoso, ya que los tres tipos de trabajadores (talentoso, promedio y pobre) tendrían resultados similares en productividad (por ej., en ventas). Si este caso se generalizara para todos los puestos de trabajo, entonces sería un error de razonamiento inferir y afirmar que el capital humano, y por ende la selección de personal, es un factor decisivo para el éxito organizacional.

Por el contrario, si la variabilidad en el desempeño entre un trabajador talentoso, promedio y pobre fuera «significativa», la selección cobraría mayor relevancia, ya que a medida que se contraten más trabajadores talentosos, se logrará una mayor productividad y, por tanto, una ventaja competitiva frente a otras organizaciones. ¡Recuerde! Esto siempre y cuando la variabilidad del desempeño entre los trabajadores sea «sustancial».

Siguiendo nuestro ejemplo anterior de venta de automóviles, una diferencia significativa podría ser si el empleado talentoso tuviera una tasa de ventas promedio de 80 automóviles por mes, en comparación con 60 y 30 de los trabajadores promedio y pobres, respectivamente. Aquí, el capital humano y la selección de personal serían factores diferenciales para el éxito organizacional. De ahí la importancia de definir el valor del talento y las diferencias en productividad.

2

El Valor del Talento

En un mundo ideal, las personas harían el mismo trabajo en las mismas condiciones obteniendo los mismos resultados. En el mundo real, la variación de estos resultados es un hecho prácticamente «innegable».

Es probable que, a lo largo de tu experiencia, hayas tenido la oportunidad de observar cómo algunos trabajadores exhiben una eficiencia notablemente superior a la de otros, y cómo esta variación en el desempeño, especialmente en el caso de aquellos en el extremo superior, contribuye significativamente a los propósitos tanto del puesto como de la organización.

Para ilustrar esto, considera una empresa pastelera que cuenta con empleados que no son eficientes. Un ejemplo de ello sería un ayudante de pastelería que, por error, echa demasiada azúcar a una receta, arruinándola por completo. Pero supón que este no es un hecho aislado, sino que este tipo de situaciones se repiten con frecuencia. Hoy fue demasiada azúcar, mañana demasiada harina, y al día siguiente un error en la temperatura del horno.

Imagina otra escena: tu pequeño restaurante, con 6 empleados (1 cajero, 3 cocineros y 2 meseros), está abarrotado de clientes. Sin embargo, en lugar de un ambiente vibrante y eficiente, lo que se percibe es desorganización y frustración. Los empleados, en lugar de coordinarse y trabajar juntos, se distraen en conversaciones triviales, desperdiciando tiempo valioso. Mientras que los nuevos y potenciales clientes, cansados de la demora, deciden marcharse sin hacer su pedido.

Asimismo, imagina contratar a un empleado administrativo en una organización con mucho trabajo acumulado. Este empleado no solo llega tarde, sino que también se va a la tienda a comprar donas, se hace un café y, al regresar, se toma otros 30 minutos en conversaciones triviales con el resto del personal. Cuando finalmente llega a su oficina, ya ha pasado más de una hora desde su horario de ingreso y aún tiene que desayunar.

En algún momento, todos nos hemos comportado de esta manera; es decir, puede ocurrir, son acciones naturales que pueden presentarse en situaciones excepcionales. Sin embargo, cuando se vuelven habituales, representan un comportamiento inapropiado, nocivo y perjudicial para las organizaciones.

Ahora, consideremos el escenario opuesto: cuentas con un ayudante de pastelería en tu negocio que no solo evita errores en las creaciones, sino que va más allá. Es un innovador nato que experimenta en casa, desarrolla nuevas recetas que superan las actuales y las comparte con entusiasmo. Asimismo, imagina a alguien que, ante la avalancha de clientes en el restaurante, responde con amabilidad y eficiencia, redoblando su esfuerzo en las horas pico. O un colaborador que incluso si llega tarde por algún imprevisto, prioriza su trabajo y aprovecha al máximo el tiempo, desayunando algo ligero mientras se pone al día.

Todos hemos sido testigos de la diferencia que marca un empleado comprometido y eficiente en comparación con uno que no lo es. Y Así lo confirma la investigación. La hipótesis de la variación en el rendimiento laboral ha sido respaldada por diversos estudios que han encontrado diferencias significativas en la variabilidad del desempeño entre los empleados. Aquí no hay debate.

La pregunta crucial ahora es: ¿Cuál es la variación en la producción de trabajo entre los empleados y cuánto valen estas diferencias?

Alan Eustaquio, vicepresidente de ingeniería de Google, dijo: "un ingeniero de primer nivel vale 300 veces o más que el promedio y que preferiría perder a toda una CLASE de graduados en ingeniería que a un tecnólogo excepcional" (Tam & Delaney, 2005). Aunque las estimaciones de Eustaquio son seguramente algo exageradas y posiblemente se basan más en la intuición que en datos o en evidencia de investigación, no dejan de demostrar la importancia implícita que puede tener el talento en las organizaciones.

Quizá los primeros intentos de estimar el valor de los empleados se remontan a la década de 1920, donde Hull (1928) en su libro *Aptitude Testing* describió el desempeño de los mejores pulidores de cucharas, quienes pulían cinco veces más cucharas que el peor. Mientras que en las ocupaciones de tejido y zapatería la diferencia oscilaba de (1,5 a 1) y (2 a 1), respectivamente (Cook, 2016).

Calcular la diferencia en el valor de la productividad de las ocupaciones cuando por su naturaleza los resultados del trabajo son cuantificables puede ser relativamente sencillo de realizar: «cuántas ventas hizo al mes», «cuántos zapatos lustró», «cuántos cortes de cabello hizo», «cuántas piezas ensambló», etc. Simplemente debes poseer los datos de producción de todos los trabajadores y clasificarlos en distintas categorías de desempeño.

Sin embargo, cuanto se trata de cuantificar el valor de la productividad de los empleados para puestos que, por su naturaleza, no son fácilmente cuantificables, como los puestos de gestión de proyectos, analista de RR. HH., diseñador gráfico, coordinador de comunicaciones, etc. Aquí, calcular la diferencia en el valor de la productividad entre trabajadores talentosos y no talentosos puede ser mucho más complejo.

ESTIMACIONES DEL VALOR DEL EMPLEADO

Debido a esta problemática, los investigadores desarrollaron diversos procedimientos para estimar el valor de la variabilidad del desempeño de los trabajadores, que se ha conocido comúnmente como la desviación estándar del rendimiento del empleado expresado en dinero (simbolizado SDy) y desviación estándar del rendimiento del empleado expresado en la producción media (simbolizado SDp). La diferencia entre SDy y SDp es que SDy resulta en estimaciones de utilidad expresadas en términos monetarios, mientras que el procedimiento de SDp produce estimaciones de utilidad expresadas como el aumento porcentual de la producción (Judiesch & Schmidt, 2000).

Dicho de otra manera, SDy proporciona estimaciones de la diferencia en la variabilidad del desempeño entre un trabajador talentoso, promedio y pobre, expresadas en términos monetarios. Por ejemplo, se podría decir que el trabajador «X» tiene un valor de rendimiento estimado de $60 000 y que sus colegas «Y» y «Z» tienen un valor de rendimiento estimado de $40 000.

Mientras que SDp proporciona estimaciones del grado de aumento de producción en lugar de en términos monetarios; por ejemplo, se podría señalar que la producción del empleado «X» es el doble (o triple) que la de «Y» y «Z».

A continuación, desarrollaré las estimaciones de ambos procedimientos: comenzaré con SDy y continuaré con SDp.

SDY

Como señalé anteriormente, se han desarrollado diversos procedimientos para medir la variabilidad del desempeño del empleado expresado en dinero, es decir; SDy, de los cuales se destacan el procedimiento de estimación global de (Schmidt et al., 1979) y la estimación de rendimiento en dólares (CREPID) de (Cascio & Ramos, 1986). Para aquellos lectores que estén interesados en calcular el valor de los empleados encontrarán una descripción de estos procedimientos en el apéndice B.

No obstante, a favor de la simplicidad, para este capítulo tomaré la sugerencia de Hunter & Schmidt (1982) y Schmidt & Hunter (1983), quienes proponen, basándose en un análisis de estudios empíricos, que una estimación conservadora para la variación del desempeño laboral expresada en dinero (es decir, SDy) es el 40 % del salario medio del puesto en cuestión. Esto implica que, si el salario anual de un trabajador es de $50 000, SDy sería de $20 000. Por lo tanto, si el valor en productividad de un trabajador promedio es de $50 000, el valor de un trabajador por encima de la media sería de $70 000 (1 SDy superior) y de $90 000 en un trabajador que esté 2 SDy por encima.

Considere que la estimación del 40 % del salario medio y estas diferencias en el valor no se basan en el valor como persona del empleado, sino en una estimación de cuán valiosas son estas personas en términos de productividad laboral. Puede resultarle útil pensar en que está adquiriendo un servicio — personal externo— como un programador. El valor estimado en $50 000 sería lo que valdría pagar por los servicios de alguien con un rendimiento promedio, $70 000 (1 SDy por encima de la media) por alguien más eficiente, y $90 000 (2 SDy superior) por alguien que lleva la eficiencia a otro nivel.

Por otro lado, note que tanto SDy como SDp se basan en el supuesto de normalidad (distribución normal), por lo tanto, el valor de SDy y SDp permanece constante tanto hacia arriba como hacia abajo de la distribución (consulte figura 1). En una distribución normal, no hay un límite teórico en el número de desviaciones estándar (DE) que se pueden considerar desde la media. Esto quiere decir que desde la línea base «el promedio» o «percentil 50» pueden existir múltiples DE superiores e inferiores.

En este sentido, la diferencia entre un trabajador promedio y uno extraordinariamente talentoso podría ser varias DE, aunque valores más allá de 3 o 4 DE son extremadamente raros en la práctica. Por lo tanto, en términos aplicados, un talento podría considerarse 2 SDy superior a la media. Esto implica que si el salario promedio de un trabajador es de $50 000, el valor de un trabajador talentoso en el mismo puesto sería de $90 000, mientras que uno de 2 SDy por debajo estaría en $10 000.

Figura 1. Distribución de la productividad del empleado

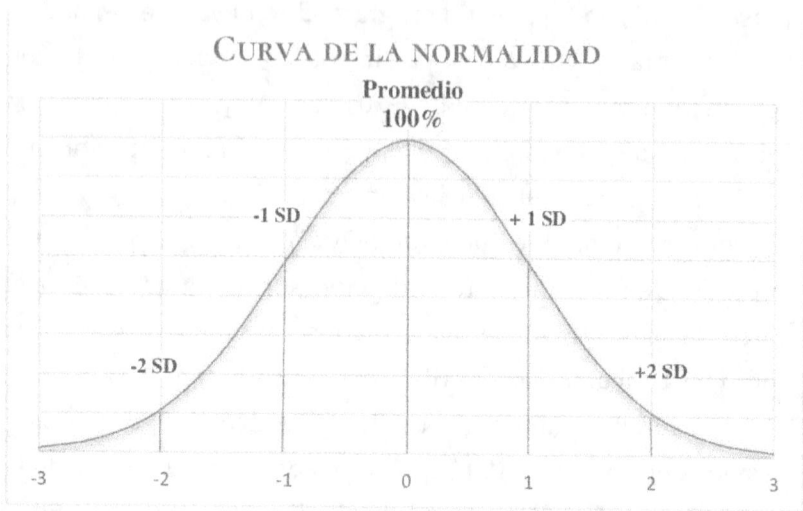

SDP

Del mismo modo, al igual que con SDy en SDp, también se han realizado estimaciones generales basados en análisis sistemáticos. En general, se ha sugerido que la desviación estándar del rendimiento del empleado como porcentaje de la producción media (SDp) es de aproximadamente 20 % para trabajos de baja complejidad, 31 % para complejidad media y 48 % para trabajos complejos (Judiesch & Schmidt, 2000) (Por cierto, la complejidad del trabajo se refiere al grado en el que un trabajo es difícil y mentalmente exigente. Puede encontrar una tabla con distintos ejemplos detallados en el apéndice C).

Esto significa que la brecha de productividad entre un empleado promedio en un trabajo complejo (por ejemplo, gerente de proyecto) y un trabajador talentoso 2 SDp es del 96 % de productividad. Entendiendo que 100 % refiere al empleado promedio y 196 % al empleado estrella, lo que prácticamente duplicaría el nivel de productividad. En pocas palabras, en puestos complejos, los empleados talentosos son dos veces más productivos que el trabajador promedio. Mientras que la diferencia entre este talento y un trabajador bastante pobre (2 SDp por debajo) es del 192 %. El 4 % corresponde a la productividad para el trabajador pobre y el 196 % a la productividad del trabajador estrella. Sin embargo, en los trabajos menos complejos, esta variación suele ser menor; la productividad media de un trabajador bastante pobre (2 SDp por debajo del promedio) sería del 60 % y de un talento 140 % (2 SDp superior).

Ahora que sabes cuál es el valor del empleado talentoso, promedio y pobre en términos monetarios, y ahora que también conoces la diferencia en productividad entre ellos, me gustaría resaltar cuatro puntos importantes que no debes pasar por alto.

Primero, como mencioné anteriormente, estas estimaciones se basan en la evaluación sistemática de varios estudios reales, es decir, no son cifras subjetivas ni vienen del azar; tienen un fundamento en estudios previos que estimaron estos valores. Por lo tanto, son datos fiables sobre la diferencia de valor y productividad entre empleados.

Segundo, esto no quiere decir que sean cien por ciento precisas. De hecho, estas son estimaciones conservadoras. Schmidt y Hunter dieron estas estimaciones para no inflar las diferencias entre empleados. Así que, si según las estimaciones anteriores podemos deducir que, en general, tanto en valor como en productividad, la diferencia entre un empleado promedio y uno talentoso es el doble, es muy probable que la diferencia en el mundo real sea aún mayor. Si quieres tener estimaciones más precisas y conocer estas diferencias en el valor de tus empleados, te invito nuevamente a ir al apéndice 2, donde describo dos procedimientos.

Tercero, cuando decimos que el valor en productividad entre un trabajador promedio y uno talentoso es el doble, queremos decir que, por ejemplo, realiza el doble de tareas que un empleado normal. Esto se aplica a varios ejemplos: si un empleado promedio realiza 20 cortes de cabello al día, un empleado talentoso haría aproximadamente 40. Si lava 100 platos en 20 minutos, un empleado talentoso lo haría en la mitad del tiempo. Si redacta un informe en 2 horas, este lo haría en 1, o haría 2 informes en ese tiempo. Si escribe cierta cantidad de código, un empleado talentoso escribiría aproximadamente 2 veces más. Creo que ya entiendes a lo que me refiero. No obstante, no se trata solo de la cantidad de trabajo; la calidad también es evidente.

Cuarto, como observará en la figura 1, cuanto más talentoso (o más bajo en rendimiento) sea el trabajador, más escasos serán en la población. Es decir, en términos probabilísticos, hay menos personas con un alto talento, lo que significa que es más probable encontrar trabajadores promedio que trabajadores que estén por encima de la media (1 SDy superior), y mucho menos probable encontrar empleados altamente talentosos (2 SDy superior) o con un desempeño muy por debajo (2 SDy inferior).

En resumen, si la evidencia de la psicología industrial organizacional nos dice que, en general, el talento es dos veces más productivo en cantidad y calidad que el promedio, y aún mucho más que aquellos de bajo rendimiento, entonces podríamos afirmar que el valor y las diferencias en el rendimiento de los empleados, ya sea estimado por SDy o SDp, son realmente significativas, lo que sugiere que el capital humano es un activo importante para las organizaciones. Ya que a medida que una organización cuente con un mayor número de personal talentoso, alcanzará niveles significativamente más altos de productividad en comparación a, si contara únicamente con empleados promedio o pobres. Por tanto, la afirmación de que el talento importa es acertada y está respaldada por la evidencia.

Dicho de otra manera, dado que los empleados varían significativamente en el grado de desempeño, los mejores empleados son valiosos para las organizaciones. Y si los mejores empleados son valiosos, entonces todos los procedimientos que implica tener mejores empleados también lo son; esto incluye, por supuesto, la selección de personal.

¿Qué gerente no desearía tener empleados que sean el doble de productivos que la mayoría de su equipo actual?

«Es el sueño dorado de todo gerente».

3

Selección de Personal y Productividad Organizacional

Una vez establecido el valor del talento, podemos volver a nuestra pregunta principal: ¿la calidad del sistema de selección de personal influye en el desempeño organizacional? La evidencia presentada anteriormente que sugiere que el capital humano es un factor crucial para aumentar la tasa de productividad general de las organizaciones podría en sí mismo ser evidencia suficiente para establecer una respuesta afirmativa.

De modo que, como señala Boxall & Steeneveld (1999) "No hay [o habría] absolutamente ninguna necesidad de probar la existencia de una relación entre la gestión laboral y el rendimiento en la empresa" (p. 443 énfasis añadido). Sin embargo, considero pertinente resaltar la importancia de la selección de personal mediante evidencia adicional, especialmente para aquellos profesionales no especializados que aún cuestionan dicha relación. Por tanto, en lo sucesivo, revisaré esta evidencia desde tres ángulos distintos: análisis de utilidad, estudios correlacionales y malas contrataciones.

ANÁLISIS DE UTILIDAD

El análisis de utilidad es un procedimiento que cuantifica el impacto económico de las intervenciones de recursos humanos (incluyendo, por supuesto, la selección de personal). Aunque también pueden realizarse cálculos en otras aplicaciones, como por ejemplo, las potenciales ganancias de las intervenciones enfocadas en la reducción de rotación y ausencias, solo por citar algunos ejemplos (Cascio & Boudreau, 2011; Cascio & Ramos, 1986).

Sin embargo, realizar estos cálculos puede resultar relativamente complejo y dado que no es el propósito de este libro no lo desarrollaré aquí, empero, para el lector interesado en calcular la rentabilidad de alguna intervención de RR. HH. recomiendo consultar el libro de (Cascio et al., 2019). Dicho esto, veamos alguna evidencia de cómo mejorar el sistema de selección de personal de una organización puede resultar en ganancias económicas en productividad para la organización ejecutante.

En un estudio, Jesús Salgado, profesor de la Universidad de Santiago de Compostela, describió las ganancias residuales de una intervención de selección de personal en la Administración General del País Vasco, España. En este estudio, Salgado reemplazó un procedimiento de selección de personal basado en la valoración de méritos (experiencia y formación) que tenía una validez de 0,18 por un sistema de selección basado en la entrevista conductual estructurada que demostró tener un coeficiente de validez de 0,60. En otras palabras, la entrevista estructurada tenía significativamente más posibilidades de seleccionar a un talento que el anterior sistema de selección basado en méritos.

Mediante este nuevo y mejorado procedimiento de selección, la Administración General del País Vasco llegó a contratar a 88 personas en puestos de jefatura y coordinación. Luego, considerando la desviación estándar del rendimiento del empleado expresado en dinero (SDy) calculado para estos puestos, el costo del antiguo y nuevo instrumento, la validez, la permanencia promedio de los trabajadores contratados, entre otros datos necesario para los cálculos de análisis de utilidad, Salgado encontró que la Administración General del País Vasco obtuvo ganancias en productividad de más de 4,5 millones de euros en dos años debido al uso explícito del nuevo y mejorado sistema de selección (más de 6 millones en 2024) (Salgado, 2007).

Dicho de otra manera, si en la Administración General del País Vasco no se hubiera mejorado el procedimiento de selección, la organización no hubiese recolectado estas ganancias adicionales en productividad.

Del mismo modo, en un estudio anterior, Schmidt et al. (1979) encontraron que mejorando el procedimiento de selección en los puestos de programadores informáticos en los niveles GS-5 a GS-9 del gobierno federal de EE. UU., mediante la Prueba de Aptitud del Programador (PAT) que constaba de una validez de 0,76, y con la tasa promediada de contratación de 618 nuevos programadores por año, y suponiendo que el índice de selección del gobierno federal hubiese sido de 0,30 y la validez del procedimiento anterior también de 0,30. Las ganancias residuales de productividad por haber mejorado el sistema de selección de personal para la contratación de estos 618 nuevos programadores para el gobierno federal se traducirían en $33,1 millones de dólares (142 millones en 2024) tan solo en un año de contratación.

Además, basado en el censo de 1970 que mostraba la existencia de 166 556 programadores en EE. UU., Schmidt y sus colegas, estimaron que la contratación media de programadores en EE. UU. sería de 10 210 programadores por año, y considerando que todos los empleadores en EE. UU. hubieran mejorado su procedimiento de selección implementando el PAT, y considerando el mismo índice de selección y validez de 0,30 del procedimiento anterior, las ganancias de productividad para las organizaciones en su conjunto hubieran sido de $547 millones de dólares (más de $2 billones en 2024) solo por un año de contratación de nuevos programadores.

Considere que, si bien estas ganancias en productividad pueden traducirse en términos monetarios, no necesariamente implican algo tangible, como tener este dinero en el banco. Más bien, se refieren a las mejoras en el desempeño general logradas, los cuales sí pueden reflejarse, por ejemplo, en aumentos en ventas, productos ensamblados, artículos fabricados, servicios mejorados, entre otros resultados de desempeño.

Además, todas estas ganancias en productividad pueden tener un impacto financiero directo, por ejemplo, en ahorros de personal (menos personal, pero más eficiente), lo que se traduce en menores gastos en salarios y bonos, así como en la reducción de costos de infraestructura y otros materiales requeridos para el puesto (como, escritorios, computadoras, etc.).

Es importante destacar que el análisis de utilidad es simplemente un medio para cuantificar el impacto económico de aplicar una intervención (como por ej., mejorar un procedimiento de selección). Lo verdaderamente importante aquí es que el procedimiento de selección que utilice en su organización sea eficiente, ya que mientras más validez alcance un procedimiento, mayores serán las probabilidades que tendrá de contratar personal talentoso, y mientras más personal talentoso contrate, mayores serán las ganancias en productividad.

Las implicaciones de los estudios que utilizan cálculos de análisis de utilidad son bastante claras. Primero, muestran explícitamente cómo mejorar el sistema de selección de personal puede aumentar los niveles de productividad en las organizaciones, y dado que la productividad está estrechamente relacionada con otros criterios de desempeño organizacional, como el lucro, es decir, ganancias económicas (Jiang et al., 2012; Saridakis et al., 2017), la importancia de establecer un procedimiento de selección eficiente para incrementar los niveles de productividad es simplemente sustancial.

Segundo, y no menos importante, aunque existen múltiples variables que pueden moderar la utilidad económica de una intervención en el proceso de selección (como la permanencia media del empleado en la empresa, entre otras), el coeficiente de validez y el coste del instrumento son quizás los factores más importantes. Esto es especialmente relevante para los selectores, ya que son los dos elementos que dependen explícitamente de los expertos en selección. Por lo tanto, estos expertos deben encargarse de desarrollar un procedimiento de selección eficiente y de bajo costo, para que, como consecuencia, la organización alcance mayores niveles de productividad.

ESTUDIOS CORRELACIONALES

Además de los estudios de análisis de utilidad, una gran cantidad de investigaciones correlacionales apoyan la premisa de que la selección de personal (y otros procedimientos de RR.

HH.) influyen directa o indirectamente en el rendimiento de la organización, tanto a nivel de producción como en términos financieros (Crook et al., 2011; Jiang et al., 2012).

Por ejemplo, James Combs, Profesor de la Universidad Estatal de Florida, y sus colegas, realizaron un metaanálisis de 92 estudios que correlacionaban distintas prácticas de RR. HH. (por ej., entrenamiento, selección y compensación) con el desempeño organizacional. En general, sus resultados revelaron que las prácticas de alto rendimiento de RR. HH. estaban relacionados con el desempeño operacional en 0,18 y 0,21 con el desempeño financiero. No obstante, la selección por sí misma alcanzó una validez de solo 0,14 con el rendimiento organizacional (Combs et al., 2006).

Estudios más recientes (por ej., Kim & Ployhart, 2014) también respaldan la premisa de que las prácticas de RR. HH., incluida la selectividad de la dotación de personal, se relaciona positivamente con diversas medidas de desempeño organizacional. Otro ejemplo claro, es el metaanálisis de Saridakis et al. (2017), quienes encontraron que en conjunto las mejores prácticas de RR. HH. (incluyendo la selección de personal) se correlacionó en 0,29 con el rendimiento organizacional.

Todos estos estudios sugieren que aquellas organizaciones que emplean métodos de selección más agresivos y eficaces tienden a contratar personal más idóneo (y talentoso) y, como consecuencia, alcanzan mayores niveles de productividad y, por ende, mayor desempeño organizacional.

Si bien puede parecer que estas correlaciones son relativamente bajas; es verdad, son bajas. No obstante, hay dos aspectos importantes que debemos considerar antes de sacar conclusiones. Primero, es probable que estos estudios subestimen el verdadero valor de la selección dadas las toscas medidas utilizadas para medir la práctica de RR. HH. Por ejemplo, en estos estudios a menudo se han empleado juicios de "sí/no" para determinar si una organización utiliza ciertos métodos de selección, lo que deja oscurecido su forma y calidad (Van Iddekinge, et al., 2023).

Segundo, incluso si las correlaciones descritas anteriormente fueran indicativas certeras del verdadero tamaño del efecto, tal como lo expresan Kahneman et al. (2021), la realidad es que esta varianza, aunque pequeña, puede traducirse en millones de dólares en algunas organizaciones. Recuerde que estamos hablando del éxito general de una organización.

En definitiva, la evidencia de investigación converge parsimoniosamente para sugerir que la calidad del sistema de selección de personal es importante para las organizaciones, lo que parece lógico: contratar personal talentoso, capaz, motivado, comprometido con la organización, adaptable a las necesidades laborales y poseedor de habilidades creativas, en comparación con otros trabajadores que no posean estas cualidades, son factores que sin duda pueden influir en el desempeño en el trabajo, y como hemos visto, también en el desempeño futuro de la organización.

Sin embargo, contratar personal talentoso no es lo único importante, desde otra perspectiva, evitar realizar una mala contratación también lo es. A continuación, desarrollo este punto.

MALAS CONTRATACIONES

Si bien la contratación de personal talentoso puede proporcionar una ventaja competitiva a cualquier organización, la mala contratación no está exenta de toda consecuencia. Por ejemplo, algunos expertos han estimado que una mala contratación puede costarle a la organización contratante 2,5 veces el salario anual medio de la mala contratación (Mornell, 2003). Esto quiere decir que si la organización contrata a un trabajador con un salario anual de $50 000 y más tarde decide despedirlo debido a un bajo rendimiento, el costo para la organización sería aproximadamente de $125 000.

Aunque otros autores señalan que el costo asociado a una mala contratación puede ser 3 veces el salario anual (Barada & McLaughlin, 2004) y otros que incluso puede ser hasta 5 veces (Bhattacharyya, 2015). En nuestro ejemplo anterior, estos costos oscilarían entre los $125 000 y $250 000 del salario anual asumido en $50 000.

¿Cómo es esto posible?

Todos los costos estimados debido a una mala contratación se calculan en base a los costos asociados con la contratación. Por ejemplo, la publicación de anuncios, la aplicación de pruebas psicométricas y el tiempo invertido por los seleccionadores. Esto incluiría los costos asociados con el reemplazo de esa persona, sumados al salario y beneficios ya pagados a la mala contratación, así como los costos de capacitación del nuevo trabajador (Barada & McLaughlin, 2004). Sin embargo, quizás los costos más onerosos sean los derivados de errores y pérdidas de oportunidades comerciales (Harvard Business Review, 2003).

Independientemente del costo real y específico de una mala contratación e independientemente de las razones de estos costos, está bien establecido en la literatura que las malas contrataciones pueden tener impactos negativos y significativos para las organizaciones, al igual que las buenas contrataciones (contratación de talento) tienen impactos positivos.

Pero las malas noticias no terminan aquí, las malas contrataciones podrían acarrear a los empleadores pérdidas económicas adicionales que hasta ahora no hemos tenido en cuenta. Esto implica el impacto de los comportamientos laborales contraproducentes de los malos trabajadores, como robos, peleas, ausencias injustificadas, negligencia, sabotaje y otros comportamientos negativos que afectan a la organización y podrían ocasionar sustanciales pérdidas económicas.

Por ejemplo, según el Centro de Investigación Minorista (2011) "sólo el robo resulta en pérdidas estimadas de $41 mil millones de dólares anuales en todo el mundo" (citado por Mercado et al., 2018, p. 109), y un estudio de la Association of Certified Fraud Examiners (2022) encontró que cada organización afectada por fraude sufrió una pérdida promedio de casi $2 000 000. La mala contratación constituye la raíz de diversos problemas posteriores que pueden repercutir directamente en la organización, por lo tanto, es fundamental evitar realizar contrataciones erróneas.

Considerando toda la evidencia y el razonamiento expuesto hasta el momento, es posible afirmar la premisa de que el capital humano, y en particular la selección de personal, desempeña un papel crucial y fundamental en la consecución del éxito organizacional.

¿Por qué?

Porque son las personas quienes hacen el trabajo, son las personas las que crean, administran y mejoran todos los sistemas y procesos que se utilizan en cada organización, porque son las personas las que hacen posible que la organización crezca a través de estas políticas, los resultados comerciales aumenten, la calidad de los productos mejore y el servicio que ofrezca sea más eficiente (Bauer et al., 2019; Horstman, 2019). Si bien es cierto que existen otros factores que influyen en el desempeño organizacional, son las personas, quienes en última instancia le dan valor a la organización.

En este sentido, no es una perogrullada decir que la principal y más importante función de todos los seleccionadores y directivos a cargo de la selección es desarrollar e implementar un sistema de selección que contribuya a identificar y seleccionar de manera eficiente al postulante más idóneo.

Si bien, no es posible diseñar una configuración de selección cien por ciento precisa, saber qué métodos y procedimientos utilizar, y saber cómo combinarlos representa un importante paso para maximizar las probabilidades de contratar trabajadores talentosos. ¿Cómo conseguir esto? La respuesta se encuentra en el corazón de esta serie.

Paradójicamente, a pesar de que los gerentes y empleadores en general suelen creer que el capital humano y, por consiguiente, la selección de personal es fundamental para el éxito organizacional, y como he demostrado aquí, existen razones sólidas que respaldan esta creencia, desafortunadamente, los profesionales de Recursos Humanos siempre han tenido que librar una batalla para justificar su posición en las organizaciones.

No es un secreto que el área de Recursos Humanos es un sector que ha sido históricamente menospreciado. Sin embargo, al considerar la evidencia expuesta en este libro, notará que hay suficientes argumentos para justificar su posición y apreciar el valor que estos profesionales aportan (o pueden aportar) a sus respectivas organizaciones. Por ende, tal menosprecio, es injustificado.

Como habrá notado el lector, a lo largo de este libro he mencionado el término *talento*, y a lo largo de esta serie no será la excepción. Por lo tanto, una vez establecida la importancia del talento y la selección para el éxito organizacional, resulta importante definir dicho término: ¿qué significa realmente el talento?

Lo cierto es, si queremos contratar personal talentoso, es crucial primero comprender qué características definen a una persona talentosa. Como dice el refrán: "No puedes ganar una guerra si no sabes contra quién luchas", "Si no sabes a dónde vas, terminarás en otro lugar" y "No puedes encontrar algo si no sabes lo que estás buscando". Del mismo modo, no se puede seleccionar a un talento sin tener claridad sobre lo que realmente significa el talento. En este sentido, en lo que resta de este libro definiré qué es y qué no es talento.

4

¿Qué es el talento?

Si a los fanáticos del fútbol (como yo) les pidieran nombrar a una persona talentosa, seguramente pensarían en alguien como Lionel Messi, un futbolista argentino (en mi opinión, el mejor de todos los tiempos). Si se les preguntara a las personas a quienes les gusta el Rock and Roll, quizás piensen en icónicos artistas como Elvis Presley, y Mozart y Beethoven si son más aficionados a la música clásica. Leonardo da Vinci si les gusta el arte, y Shakespeare si son amantes de la literatura. Y no podemos olvidar a los hombres de negocios que a menudo admiran a Steve Jobs.

De alguna manera, todos tenemos una idea o una concepción de lo que es el talento, sabemos que nos gusta el talento y podemos reconocerlo cuando vemos a una persona talentosa, pero ¿qué es realmente el talento?

Si bien existen múltiples definiciones y construcciones de lo que se entiende por talento, muchos de estos planteamientos no proporcionan una concepción clara de lo que realmente refleja el talento. Por el contrario, parecen más creencias personales y subjetivas que una definición clara y precisa de lo que es el talento. Chamorro-Premuzic (2017) en su libro *The Talent Delusion* menciona 3 de estas creencias populares:

1) "El talento es la persistencia... no existe tal cosa como no tener suficiente talento... la persistencia es el verdadero talento. Simplemente seguir adelante. El talento es no rendirse.
2) Todos tenemos talentos. En diferentes direcciones y de diferentes tipos. Algunos son comunes a todos, otros son completamente nuestros.
3) El talento refleja cómo estás cableado. Eso es lo que distingue este concepto del conocimiento o las habilidades" (p. 22).

Cada una de estas creencias manifiesta una cualidad importante para entender el talento. La primera asume que el talento no es más que el esfuerzo, «la motivación». El segundo afirma que todos tenemos talentos a nuestro modo. Y la tercera hace una ambigua alusión a que el talento es la manera en la que estamos hechos. Sin embargo, ninguna de estas definiciones explica explícitamente qué es el talento. Al contrario, algunas de sus sugerencias van en contra de la evidencia al insinuar que todos somos talentosos o que el talento se refiere únicamente a la motivación (O'boyle & Aguinis, 2012; Ruthsatz et al., 2014).

Quizás una definición más precisa del talento sería que es un concepto socialmente construido para referirse a las personas que pueden realizar alguna actividad de manera excepcional (Chamorro-Premuzic, 2017). Es decir, «más rápido, más eficaz y más eficiente» que la mayoría en su posición. Dentro de las organizaciones, esto se traduciría en aquel empleado que muestra un nivel de desempeño notablemente superior al resto de sus compañeros de trabajo. Por lo tanto, a lo largo de esta serie me referiré a la necesidad de seleccionar y contratar personal talentoso como la necesidad de seleccionar y contratar personas que tengan una alta probabilidad de lograr un desempeño superior. Ahora, quizás te preguntes, ¿qué características componen el talento? Mi respuesta, en concordancia con Chamorro-Premuzic (2017), sería que hay tres componentes principales: capacidad, motivación y ajuste. A continuación, desarrollaré cada uno de estos elementos.

CAPACIDAD

Cuando pensamos en una persona talentosa, pensamos en alguien que tiene la capacidad de hacer algo sobresaliente en cualquier campo (ya sea en el deporte, la música, la literatura, o los negocios). Es alguien que puede marcar fácilmente un gol de tiro libre, correr 200 metros en 30 segundos, cantar una melodía con una voz suave y armoniosa, negociar con excelencia o hablar en público con naturalidad y elocuencia.

Una persona talentosa debe poder hacer algo (lo que sea), y tiene que hacerlo bien, pero no solo bien, sino que debe hacerlo mejor que la mayoría, debe resaltar, sobresalir; como diría un amigo mío «rosar la excelencia». Y para que alguien se destaque de esta manera, primero y ante todo, debe tener la capacidad de hacerlo.

Con capacidad me refiero a algo innato, natural, heredable y altamente estable en el tiempo. Es algo con lo que nacemos, algo que no se puede adquirir ni mejorar, sino que posiblemente sea inherente a nuestra propia genética. ¿Qué es ese «algo»? Habilidades mentales generales y específicas.

Muchos autores suelen señalar que mediante el esfuerzo podemos conseguir grandes éxitos, que todos tenemos talento o que somos capaces de hacer cualquier cosa. Solo necesitamos esforzarnos al máximo, dedicarle tiempo y ser persistentes (esta es una de las características principales del talento que abordaré más adelante).

El problema con esta suposición es que, por más motivados, persistentes y decididos que estemos por sobresalir, enfrentaremos ciertas limitaciones que no se pueden superar únicamente con esfuerzo y dedicación (Macnamara et al., 2014). Es decir, la primera premisa es que, para que alguien pueda hacer algo extraordinario, primero necesita ser capaz de hacer algo extraordinario.

Supongamos lo siguiente: mañana mismo renuncias a tu trabajo y te dedicas cien por cien a convertirte en jugador de fútbol. Supongamos también que pasa el tiempo e inviertes un total de seis mil, siete mil, ocho mil o nueve mil horas en adquirir y pulir tus habilidades como futbolista.

Por último, supongamos que durante este tiempo has sido persistente y responsable: «entrenas todos los días», «los 7 días de la semana» y «los 365 días del año»; «nunca faltas a un entrenamiento»; «nunca llegas tarde» e incluso «sueles quedarte horas extras porque te sientes muy motivado para mejorar tus habilidades como futbolista»; «nunca sufres una lesión»; «siempre te cuidas con una excelente alimentación y tiempos de descanso adecuados». Después de ese arduo entrenamiento e integral cuidado, ¿crees que te convertirás en el nuevo Messi o Maradona del fútbol?

Probablemente no.

Considera cuántos jugadores de fútbol hay en el mundo. Cuántos de ellos se formaron desde niños, dedicaron todo su tiempo a sus posibles carreras como futbolistas, se esforzaron, fueron persistentes y estaban altamente motivados por mejorar. Pero, ¿cuántos de ellos se convierten en el nuevo Messi o Maradona? Muy pocos (si es que hay alguno).

Evidentemente, si inviertes miles de horas en tu carrera como futbolista, tus habilidades mejorarán considerablemente en comparación a como eras antes de entrenar. Sin embargo, a menos que seas un prodigio con un talento dormido, por más que le dediques toda tu vida al futbol, nunca serás uno de los mejores futbolistas del mundo. ¿Por qué? Porque para serlo no basta el esfuerzo, hay que tener la suerte de nacer con esa capacidad, con ese «talento».

Por lo dicho hasta ahora, parece evidente que cuando no tenemos la capacidad, aunque nos esforcemos, difícilmente llegaremos a ser uno de los mejores en nuestra área de experticia. Podemos llegar a ser muy buenos, pero no profesionales o jugadores de élite. De ahí la importancia de descubrir en qué somos buenos, nuestras fortalezas y debilidades, y alinearlas con nuestra vocación.

Ahora, quizás te estés preguntando: «Bueno, entiendo que la capacidad es importante, pero ¿cómo medirla?» Chamorro-Premuzic (2017) describe un ejercicio sencillo para medir la capacidad con el cual coincido. Reúna a dos o más personas (a las que quiera medir su capacidad en una determinada tarea) controle distintas variables, como la motivación, el estado físico, y otras variables que puedan influir en el rendimiento y luego preséntales una determinada tarea. Puede ser una carrera de 200 metros, presentar un discurso, tocar un instrumento, etc.

Cuando cada uno de estos participantes se desempeñe en su máximo rendimiento, en ese momento notará la diferencia en la capacidad de una persona para realizar esa tarea en particular.

Como señalé anteriormente, la capacidad es una característica esencial del talento; afortunadamente, para la mayoría de nosotros, no es lo único. Otra característica del talento es la motivación, o el esfuerzo. Digo afortunadamente porque la capacidad no depende de nosotros, se hereda. La motivación, sin embargo, es algo que podemos fomentar y cultivar. Veamos más sobre este último elemento.

MOTIVACIÓN

Seguramente todos conocemos a la típica persona que es bastante lista, inteligente, capaz y con mucho potencial, pero que es holgazán, flojo y no tiene un propósito claro en la vida. Evidentemente, estas personas, aunque muy capaces, no podrían considerarse talentosas. ¿Por qué? Porque, aunque tienen la capacidad para hacer algo sobresaliente, no se han esforzado lo suficiente para potenciar sus habilidades y lograr hacer ese algo sobresaliente. Y los diamantes en brutos, aunque pueden brillar, si no se procesan con el cuidado adecuado, no brillarán. Si no brillan y no destacan, no pueden ser consideradas personas «talentosas», pero sí personas con «potencial».

De ahí el refrán bastante común de que «el talento (o capacidad) a veces no es suficiente, se requiere también mucho talante». No obstante, con esta proposición no sugiero que el talento que carezca de motivación tendrá un desempeño deficiente. Por el contrario, está bien establecido en la literatura que estas dos variables (capacidad y motivación) se relacionan independientemente y positivamente con el desempeño futuro.

Es decir, una persona con capacidad puede desempeñarse medianamente bien en el trabajo, aunque no tenga mucha motivación. Del mismo modo, una persona altamente motivada, pero con limitada capacidad, también puede desempeñarse medianamente bien en el trabajo con mucho esfuerzo. No obstante, estas dos variables juntas explican casi toda la varianza del rendimiento laboral (Van Iddekinge et al., 2018).

Diego Armando Maradona es considerado uno de los mejores futbolistas de la historia. Sin embargo, cuando repasamos su carrera con mayor detalle, Maradona solo tuvo tres grandes logros en toda su carrera como futbolista. Con la selección argentina, ganó la copa del mundo de 1986 y salió campeón de la Serie A y la Copa de la UEFA con el Napoli, un club italiano que en ese entonces era de una calidad modesta.

¿Qué pasó el resto de su carrera? Desafortunadamente, el resto de su carrera se vio afectado por diferentes aspectos que tuvieron un impacto negativo en su declive como jugador de élite. Maradona se vio envuelto en situaciones perjudiciales, como fiestas y consumo de drogas, además de su falta de motivación y compromiso como futbolista. Estos elementos combinados socavaron la carrera de un extraordinario futbolista que tenía el potencial de ser aún más extraordinario.

Sin duda, la motivación, el esfuerzo, la dedicación y la práctica constante son atributos esenciales de un talento. Si bien Diego pudo haber sido aún más extraordinario, no se hubiera instalado como un jugador de élite si inicialmente no se hubiera esforzado, al igual que Messi, Cristiano Ronaldo, The Beatles, Michael Jackson, Bill Gates, Warren Buffett, Einstein y cualquier otro artista, jugador o profesional estrella que ha llegado a ser desorbitadamente exitoso.

Ninguno de ellos, «ninguno», hubiera alcanzado lo que logró si inicialmente no se hubieran esforzado para perfeccionar sus habilidades. La buena noticia es que eso depende únicamente de nosotros mismos, es decir, de cuánto tiempo le dediquemos. La mala noticia es que, a menudo, se sobrevalora en exceso. A continuación, desarrollaré este último punto.

Muchos autores destacan la importancia de la motivación para el éxito en varios aspectos de la vida. Por ejemplo, Dweck (2006) en su conocido libro *Mindset: The New Psychology of Success* argumenta cómo el éxito en la escuela, el trabajo, los deportes, las artes y casi todas las áreas del quehacer humano están influenciados por la forma en la que pensamos sobre nuestros talentos y habilidades.

Así, cuando pensamos que el talento no nace, sino que se hace y, por lo tanto, creemos que podemos desarrollar nuestras habilidades mediante el esfuerzo (denominado por Dweck como *mentalidad de crecimiento*) las personas tienden a tener más éxito que cuando sus pensamientos son rígidos con respecto a que sus habilidades son estáticas, es decir, que no se pueden mejorar (referido por Dweck como *mentalidad fija*).

Si alguna vez ha leído este libro, habrá notado que Dweck pone mucho énfasis en la motivación, el esfuerzo, el trabajo duro, e infiere a lo largo del libro que solo con esto, es más probable que tengamos éxito en todas las áreas en las que nos desempeñemos.

Coincido con Dweck. Obviamente, una persona que constantemente trabaja duro, se esfuerza y practica consistentemente una determinada tarea, actividad o trabajo tendrá más probabilidades de tener éxito que alguien que no se esfuerza en absoluto. «Todos sabemos eso, no hace falta leer un libro al respecto». El verdadero desacuerdo, entonces, como señala Ruthsatz y sus colegas, "no es si la práctica tiene algún papel importante en el desarrollo de un talento excepcional; es si se pueden desarrollar habilidades excepcionales independientemente de cualquier habilidad inherente" (Ruthsatz et al., 2014, p. 61).

Para la desgracia de muchos, la respuesta es un grande, claro y contundente «No». Por ejemplo, un estudio metaanalítico reciente reveló que el esfuerzo en el trabajo solo explica entre el 11 y el 12 % de la variación del desempeño laboral (Van Iddekinge et al., 2023), lo que sugiere la existencia de factores explicativos adicionales además del esfuerzo y trabajo duro. Uno de estos factores puede ser la capacidad. De hecho, Ruthsatz y sus colegas, en su revisión de la literatura sobre la naturaleza del talento, conceptualizaron el talento como un compuesto de tres elementos: inteligencia general, habilidades específicas del dominio y práctica. En otras palabras, capacidad y motivación.

Sin embargo, volviendo al libro de Dweck, este obvia deliberadamente que la motivación por sí sola no es suficiente para ser sorprendentemente bueno en una actividad. Pero esto no debería sorprendernos, como no debería sorprendernos que se hayan vendido más de dos millones de copias del libro. Quién no querría leer un libro que te diga, «eres capaz de hacer todo lo que quieras, solo tienes que creer que puedes hacerlo y trabajar duro para lograrlo». Yo quiero uno.

En contraste, quién querría leer un libro que diga: «en cierto modo estás limitado por factores biológicos heredados, que el éxito no depende solo de ti y que, por más que te esfuerces en mejorar, posiblemente nunca serás un profesional de élite». ¿Marketing? Tal vez, tal vez si lo dijera, no habría vendido más de dos millones de copias.

De la misma manera, Gladwell (2011) en su libro *Outliers: The Story of Success* ha exaltado como la práctica deliberada (motivación, esfuerzo y dedicación), por sí sola e independientemente de la habilidad o talento innato, puede convertirte en un experto de élite, siempre que se cumpla con la regla ampliamente conocida de «10 000 horas de trabajo en una actividad». Nuevamente, como supondrá, otro «best seller». El problema con la sugerencia de 10 000 horas de práctica señalada por Gladwell y la mentalidad de crecimiento promulgada por Dweck es que la evidencia no respalda estas proposiciones.

Por ejemplo, estudios recientes han demostrado que la práctica deliberada solo explica el 26 % de la variación del rendimiento en los juegos, el 21 % en la música, el 18 % en los deportes, el 4 % en la educación y menos del 1 % en las profesiones en general (Macnamara et al., 2014, 2016). Estos hallazgos indican que, si bien la motivación (o, mejor dicho, la práctica) es importante para el desempeño sobresaliente, existen muchos otros factores, como la «capacidad», que son esenciales para convertirse en un talento, superestrella o profesional de élite.

Por último, considere que, si la capacidad innata no fuera relevante y toda la varianza recayera en la motivación, el esfuerzo y la dedicación, ¿cómo se explicaría el caso de Bobby Fischer, quien comenzó a jugar al ajedrez a los seis años de edad y se convirtió en campeón nacional de EE. UU. a los quince? O el caso de Mozart, quien publicó su primera composición musical a la edad de cinco años, y Jeremy Bentham, quien fue aceptado en la Universidad de Oxford a los doce (Chamorro-Premuzic, 2017). No cabe duda de que estos personajes se esforzaron, pero si no hubieran tenido la capacidad, difícilmente hubieran logrado tales proezas.

Llegado a este punto, quizás te preguntes: ¿capacidad o motivación? La respuesta es simple: ni uno ni el otro. Un talento debe poseer ambos. De hecho, existe un acuerdo generalizado entre expertos en I/O en que tanto la capacidad como la motivación son los dos ingredientes esenciales que propician el nivel de rendimiento de un trabajador (Gatewood et al., 2011).

Además, estudios metaanalíticos muestran que tanto la capacidad como la motivación explican conjuntamente (e igualmente) casi la totalidad de la variación explicada en el desempeño laboral (Van Iddekinge et al., 2018), por lo que las dos variables son igualmente importante para determinar qué tan bien se desempeñará un trabajador. En este sentido, debemos valorar ambos por igual.

Si bien tanto la capacidad como la motivación son factores fundamentales para entender qué es el talento, no son los únicos. Como veremos a continuación, el ajuste es otro aspecto crucial.

AJUSTE

Por ajuste se entiende el grado de compatibilidad entre las características de un individuo y las características de su entorno. Es decir, el grado en el que las habilidades, capacidades, necesidades, preferencias, valores, rasgos de personalidad y actitudes de un individuo coinciden con las características del trabajo (por ejemplo, tareas, procedimientos, etc.) y con la cultura y el ambiente de la organización (Kristof-Brown et al., 2005).

La evidencia respecto al ajuste es bastante clara y, en general, sugiere que a medida que las características de una persona coincidan perfectamente con las características del trabajo y de la organización, el trabajador se desempeñará de manera más eficiente, en contraste con aquellos trabajadores cuyas características no logren un ajuste adecuado (Oh et al., 2014; Vianen, 2018).

¿Por qué?

Hay varias razones.

Imagina que eres un abogado profundamente comprometido con la justicia social y la defensa de los derechos humanos. Desde siempre, tu sueño ha sido utilizar tus habilidades para construir un mundo más justo y equitativo. Con gran entusiasmo, aceptas un puesto en un prestigioso bufete jurídico, creyendo que allí podrás realizar tu sueño.

Sin embargo, rápidamente te das cuenta de que la realidad es muy diferente. Este bufete se especializa en defender a grandes corporaciones en casos que, con frecuencia, van en contra de tus principios. Quiero decir, «no estás defendiendo a los buenos». A pesar de tus esfuerzos por promover prácticas más justas y equitativas, te topas con una constante resistencia de la administración, quienes valoran más los beneficios económicos que la justicia social.

Intentas mantenerte fiel a tus convicciones, pero cada día se te hace más difícil. La frustración y la desmotivación comienzan a afectarte profundamente, llevándote a cuestionar si realmente puedes marcar una diferencia en ese lugar. A pesar de tus buenas intenciones, eres reprendido por tus superiores, quienes no comparten tu visión y consideran tu enfoque poco práctico y lucrativo. Sin embargo, al final decides quedarte, esperando que, de alguna manera, puedas cambiar las cosas desde dentro. ¿Crees que el desajuste entre tus valores y las prácticas del bufete afectará tu desempeño?

Ahora, consideremos el escenario opuesto. Imagínate trabajando en un bufete que valora la justicia social y la ética tanto como tú. En este lugar, tus colegas y la administración comparten tu visión y te apoyan en la defensa de los derechos humanos y de los más vulnerables. Aquí, tus esfuerzos por promover la equidad y la justicia son valorados y apoyados, lo que te brinda una profunda satisfacción y motivación. ¿Crees que la compatibilidad entre tus preferencias personales y las características y visión del bufete tendrá un impacto positivo en tu desempeño?

Según los estudios, la respuesta a ambas preguntas es afirmativa (Oh et al., 2014; Vianen, 2018).

Veamos otro ejemplo. Esta vez uno personal. ¿Alguna vez conociste a una perso...? Antes de formular la pregunta, aclaro que es una pregunta para ti, el lector. No es una pregunta retórica. ¿Alguna vez conociste a una persona que es altamente curiosa, imaginativa, que le gusta conocer y aprender cosas nuevas, apreciar la belleza en todas sus formas y desafiar las normas establecidas con ideas originales y no convencionales? Si lo hiciste, debes saber dos cosas, o mejor dicho tres.

Primero, esa es una persona con altos niveles de apertura a la experiencia. La apertura a la experiencia es uno de los cinco grandes rasgos de personalidad (veremos más sobre esto en el libro de personalidad). Segundo, este tipo de persona odia realizar tareas rutinarias que no requieren ni proporcionan algún tipo de estimulación intelectual. Por lo tanto, prefieren trabajos que les ofrezcan desafíos, como escritor, diseñador, artista musical o cualquier otra profesión creativa. Por el contrario, detestan trabajos como asistente de archivos, procesador de datos o cajero. Tercero, lo sé porque soy una de esas personas.

Como será evidente más adelante en estos escritos, lo que para muchos —quizás la gran mayoría— es lo más natural del mundo, para mí y seguro para muchos otros, es algo inaceptable. Todos lo sabemos: para la mayoría de los graduados, lo que sigue después de la graduación es buscar trabajo. Y como todos también sabemos, el primer paso para lograr ese trabajo son las pasantías o prácticas pre-profesionales, que son básicamente un trabajo sin paga. Luego, lo que sigue a esas pasantías, según la estructura organizacional, es un puesto como auxiliar o asistente.

En la mayoría de las ocupaciones, tanto de pasantías como de auxiliares y asistentes, las tareas son simples: contestar el teléfono, agendar citas, dejar un paquete aquí o allá, abrir y enviar sobres, revisar documentos, hacer tablas, revisar más documentos, hacer informes y revisar aún más documentos. Es decir, todo lo que yo, o cualquier otra persona con alta apertura a la experiencia, odiaría.

Ahora la pregunta que debemos hacernos es: ¿esta incompatibilidad entre mis rasgos de personalidad y las características del puesto afectaba negativamente mi desempeño?

Mi ego me dice, obviamente, que no. Pero si lo pienso detenidamente, quizás mi desempeño no era el más óptimo. Quiero decir, no era el auxiliar de recursos humanos superestrella. Ojo, no me malinterpretes. Con esto no quiero decir, ni yo ni la investigación que he citado, que las personas que no coinciden con el ajuste persona-trabajo o persona-organización sean malas o incapaces de realizar el trabajo. De hecho, yo hacía bien mi trabajo y conozco —y seguramente tú también— a personas que no se ajustan perfectamente, pero hacen un buen trabajo; quizás tú eres uno de ellos.

Lo que sugiere la evidencia es que, estadísticamente, sí hay una merma en el rendimiento. Y aún más, en el compromiso e insatisfacción con el trabajo. Esto es evidente: tan solo supón por un minuto ser una persona con alta apertura a la experiencia y trabajar como administrador de archivos, solo y encerrado en una oficina durante ocho horas al día, cinco días a la semana y 365 días al año. Es imposible que la falta de compatibilidad persona-trabajo no tenga incidencia en tu desempeño (Barrick et al., 2013).

Este es solo un ejemplo, y podría seguir dando muchos más sobre cómo las necesidades, preferencias, metas, actitudes, habilidades y capacidades se ajustan a las características del puesto y de la organización, y cómo esta compatibilidad puede influir en el desempeño de los empleados. Y la respuesta a todas o casi todas estas ilustraciones seguiría siendo un gran y rotundo «Sí».

¿Por qué? La respuesta es evidente: a mayor compatibilidad —mayor compromiso con la organización, menor intención de rotar, menor rotación, mayor satisfacción laboral, mayor adecuación habilidad-puesto y, en consecuencia, mayor desempeño laboral (Kristof-Brown et al., 2005; Oh et al., 2014).

Como podrá notar, el ajuste no representa por sí mismo una característica del talento, ya que no es una cualidad inherente al individuo. Sin embargo, es un pilar fundamental para que ese talento manifieste su mayor potencial ¿Crees que Einstein fue un empleado destacado cuando trabajaba en una oficina de patentes? Pues no. De hecho, su desempeño era deficiente ¿Por qué? ¿No tenía la capacidad? Es poco probable. Sería más preciso decir que no había un ajuste adecuado entre sus características individuales con las características del puesto. Evidentemente, Einstein tenía otras prioridades y motivaciones que podrían haber socavado su desempeño.

Otra razón que exalta la importancia del Ajuste es que el talento puede ser muy particular para determinadas tareas y/u ocupaciones. No creerás que Messi es tan bueno negociando como lo es jugando al fútbol, que Bruno Mars tiene tanto talento como escritor de libros de ficción que, como cantautor, o que George R. R. Martin sería un gerente de ventas destacado, así como lo es de escritor. Evidentemente, todos estos individuos podrían aprender las tareas y actividades del trabajo y hacerlo correctamente. Sin embargo, es poco probable que lleguen a ser profesionales de élite tan buenos como en sus carreas ya desarrolladas (Chamorro-Premuzic, 2017).

Además, según estudios, la mayoría de las personas que son talentosas, lo son en tareas muy específicas, por ejemplo, algunos individuos pueden llegar a ser un prodigio en matemáticas, pero deficientes en arte o viceversa (Ruthsatz et al., 2014). Quizás esto se deba a que cada ocupación o tarea en particular requiere ciertas habilidades específicas que no se generalizan a otras actividades.

En la literatura hay múltiples ejemplos de individuos que no encajaban en ningún puesto en particular y, como resultado, *fracasaron estrepitosamente*. Pero cuando encontraron una compatibilidad entre sus características individuales con las características y naturaleza del trabajo y la organización, lograron un desempeño extraordinariamente bueno.

Chamorro-Premuzic (2017) describe a la perfección algunos ejemplos de cómo un buen ajuste puede conducirnos a un desempeño de alto rendimiento. Por ejemplo, «uno de los fundadores de WhatsApp (aplicación que luego sería adquirida por Facebook) fue rechazado por los seleccionadores de la misma compañía cuando previamente había solicitado un empleo», «Oprah Winfrey fue despedida de su primer trabajo periodístico debido a su excesiva implicación emocional» e «Isaac Newton fracasó miserablemente cuando tuvo que cuidar la granja de su familia». Y, como ya he mencionado anteriormente, Albert Einstein logró un desempeño poco deseable cuando trabajaba en una oficina de patentes.

Actualmente todos sabemos los logros de estos individuos, algunos contribuyeron significativamente a nuestro conocimiento sobre la física, otro desarrolló una de las aplicaciones de mensajerías instantáneas más utilizadas alrededor del mundo y otro resultó ser bastante famoso y con activos financieros más que deseables. Sin embargo, probablemente ninguno de ellos lo hubiera conseguido sin antes encontrar un lugar de trabajo donde, por sus características, potenciarán su capacidad y motivación. De ahí la importancia del ajuste, y, de ahí su inclusión como un principio para entender el talento.

5

¿Cómo Seleccionar a un Talento?

Llegado al final de este libro, debería tener claras al menos las siguientes tres proposiciones: 1) el capital humano y, por tanto, la calidad del sistema de selección son fundamentales para alcanzar el éxito organizacional; 2) la buena y mala contratación tienen efectos significativos para la organización contratante (positivos si contrata personal talentoso, negativos si contrata personal inadecuado); y 3) se entiende por talentoso a aquellas personas que alcanzan un desempeño de alto nivel en cualquier tarea, actividad o trabajo. Para ello, propongo que esta persona debe cumplir con tres características principales: capacidad, motivación y un ajuste adecuado con el trabajo y la organización.

No obstante, desde el punto de vista práctico de la selección de personal, para identificar y seleccionar al personal más talentoso, estas características se traducen mejor en que el postulante posea los conocimientos, habilidades, capacidades y otras características (KSAOs, por sus siglas en inglés) adecuados y requeridos por el puesto.

Dicho de otra manera, cuanto más se ajusten los conocimientos, habilidades, capacidades y otras características

(KSAOs) de los candidatos a los requisitos del puesto, mayores serán las probabilidades de un desempeño laboral eficiente en el mismo. Por consiguiente, el talento que buscamos en las organizaciones es aquel que mejor se ajusta al perfil requerido para el puesto.

Ahora bien, quizás te estés preguntando, ya sé qué es el talento y reconozco su importancia para el éxito de las organizaciones. Pero... ¿Cómo evalúo, identifico y selecciono a un candidato talentoso?

La respuesta es simple. En el resto de esta serie te explico cómo. Bueno, tal vez no sea tan simple.

Gracias por leer este libro

Querido lector,

Al llegar al final de este libro, deseo expresarte mi más profundo agradecimiento por haber dedicado tu tiempo y atención a explorar la temática del talento y la selección. Espero sinceramente que hayas encontrado esta experiencia tan enriquecedora como yo la encontré al escribirla.

Si tienes sugerencias, observaciones o comentarios sobre el libro, estaría encantado de escucharte. Puedes dejar una reseña en Amazon o contactarme a través de mi correo electrónico en cristianfcastillo1516@gmail.com.

Asimismo, si tienes en mente algún tema relacionado con Recursos Humanos y/o la Psicología Industrial Organizacional (I/O) que te intrigue, necesites o que te gustaría que exploráramos más en futuras lecturas, ¡estaré encantado de recibir tus ideas! Una vez más, te expreso mi más sincero agradecimiento por tu apoyo y por acompañarme en este gratificante viaje de descubrimiento y aprendizaje.

¡Espero poder seguir compartiendo conocimientos contigo en el futuro!

Referencias Bibliográficas

Association of Certified Fraud Examiners (ACFE). (2020). *REPORT TO THE NATIONS: 2020 GLOBAL STUDY ON OCCUPATIONAL FRAUD AND ABUSE*. ACFE.

Association of Certified Fraud Examiners (ACFE). (2022). *Occupational Fraud 2022: A Report to the Nations*. ACFE.

Barada, P. W., & McLaughlin, J. M. (2004). *Reference Checking for Everyone: What You Need to Know to Protect Yourself, Your Business, and Your Family*. McGraw Hill.

Barrick, M. R., Mount, M. K., & Li, N. (2013). The theory of purposeful work behavior: The role of personality, higher-order goals, and job characteristics. *The Academy of Management Review, 38*, 132–153. https://doi.org/10.5465/amr.2010.0479

Bauer, T., Erdogan, B., Caughlin, D. E., & Truxillo, D. M. (2019). *Human Resource Management: People, Data, and Analytics* (1st edition). SAGE Publications, Inc.

Bhattacharyya, R. (2015, mayo 25). A bad hire can cost 5 times his annual salary to a firm: Report. *The Economic Times*. https://economictimes.indiatimes.com/jobs/a-bad-hire-can-cost-5-times-his-annual-salary-to-a-firm-report/articleshow/47416280.cms

Boxall, P., & Steeneveld, M. (1999). Human Resource Strategy and Competitive Advantage: A Longitudinal Study of

Engineering Consultancies. *Journal of Management Studies, 36*(4), 443–463. https://doi.org/10.1111/1467-6486.00144

Cascio, W., Boudreau, J., & Fink, A. (2019). *Investing in People: Financial Impact of Human Resource Initiatives* (Third Edition). Society For Human Resource Management.

Cascio, W. F., & Boudreau, J. W. (2011). *Investing in People: Financial Impact of Human Resource Initiatives* (Second Edition). Pearson Education, Inc.

Cascio, W. F., & Ramos, R. A. (1986). Development and application of a new method for assessing job performance in behavioral/economic terms. *Journal of Applied Psychology, 71*(1), 20–28. https://doi.org/10.1037/0021-9010.71.1.20

Chamorro-Premuzic, T. (2017). *The Talent Delusion*. Piatkus.

Combs, J., Liu, Y., Hall, A., & Ketchen, D. (2006). How Much Do High-Performance Work Practices Matter? A Meta-Analysis of Their Effects on Organizational Performance. *Personnel Psychology, 59*(3), 501–528. https://doi.org/10.1111/j.1744-6570.2006.00045.x

Cook, M. (2016). *Personnel Selection: Adding Value Through People - A Changing Picture* (Sixth Edition). Wiley-Blackwell.

Crook, T. R., Todd, S. Y., Combs, J. G., Woehr, D. J., & Ketchen Jr., D. J. (2011). Does human capital matter? A meta-analysis of the relationship between human capital and firm performance. *Journal of Applied Psychology, 96*, 443–456. https://doi.org/10.1037/a0022147

Delaney, J. T., & Huselid, M. A. (1996). The Impact of Human

Resource Management Practices on Perceptions of Organizational Performance. *The Academy of Management Journal, 39*(4), 949–969. https://doi.org/10.2307/256718

Dinteman, W. A. (2003). *Zero Defect Hiring: A Quick Guide to the Most Important Decisions Managers Have to Make*. Pfeiffer.

Dweck, C. S. (2006). *Mindset: The New Psychology of Success.*

Freifeld, L. (2019, noviembre 6). 2019 Training Industry Report. *Training*. https://trainingmag.com/2019-training-industry-report/

Gatewood, R. D., Feild, H. S., & Barrick, M. (2011). *Human Resource Selection* (Seventh Edition). Southk-Western Cengage Learning.

Gladwell, M. (2008). *Outliers: The Story of Success*. Little, Brown and Company.

Harvard Business Review. (2003). *Hiring and Keeping the Best People*. Harvard Business Review Press.

Horstman, M. (2019). *The Effective Hiring Manager* (1st edition). Wiley.

Hunter, J. E., & Schmidt, F. L. (1982). Fitting People to Jobs: The Impact of Personnel Selection on National Productivity. En M. D. Dunnette & E. A. Fleishman (Eds.), *Human Performance and Productivity: Vol. 1 of a 3 Volume Series*. Lawrence Erlbaum Associates, Inc.

Jiang, K., Lepak, D. P., Hu, J., & Baer, J. C. (2012). How Does Human Resource Management Influence Organizational Outcomes? A Meta-analytic Investigation of Mediating Mechanisms. *Academy of Management Journal, 55*(6), 1264–1294. https://doi.org/10.5465/amj.2011.0088

Judiesch, M. K., & Schmidt, F. L. (2000). Between-worker variability in output under piece-rate versus hourly pay systems. *Journal of Business and Psychology, 14*(4), 529–552. https://doi.org/10.1023/A:1022932628185

Kahneman, D., Sibony, O., & Sunstein, C. (2021). *Noise: A flaw in human judgment* (First edition). Little, Brown Spark.

Kim, Y., & Ployhart, R. E. (2014). The effects of staffing and training on firm productivity and profit growth before, during, and after the Great Recession. *Journal of Applied Psychology, 99*, 361–389. https://doi.org/10.1037/a0035408

Kristof-Brown, A. L., Zimmerman, R. D., & Johnson, E. C. (2005). Consequences of individual's fit at work: A meta-analysis of person-job, person-organization, person-group, and person-supervisor fit. *Personnel Psychology, 58*, 281–342. https://doi.org/10.1111/j.1744-6570.2005.00672.x

Macnamara, B. N., Hambrick, D. Z., & Oswald, F. L. (2014). Deliberate practice and performance in music, games, sports, education, and professions: A meta-analysis. *Psychological Science, 25*(8), 1608–1618. https://doi.org/10.1177/0956797614535810

Macnamara, B. N., Moreau, D., & Hambrick, D. Z. (2016). The Relationship Between Deliberate Practice and Performance in Sports: A Meta-Analysis. *Perspectives on Psychological Science: A Journal of the Association for Psychological Science, 11*(3), 333–350. https://doi.org/10.1177/1745691616635591

Mercado, B. K., Dilchert, S., Giordano, C., & Ones, D. S. (2018). Counterproductive Work Behaviors. En D. S. Ones, N.

Anderson, C. Viswesvaran, & H. Sinangil (Eds.), *The SAGE Handbook of Industrial, Work and Organizational Psychology: Personnel Psychology and Employee Performance* (pp. 109–210). SAGE Publications. https://doi.org/10.4135/9781473914940

Mornell, P. (2003). *45 Effective Ways for Hiring Smart! : How to Predict Winners and Losers in the Incredibly Expensive People-Reading Game.* Ten Speed Press.

O'boyle, E., & Aguinis, H. (2012). The Best and the Rest: Revisiting the Norm of Normality of Individual Performance. *Personnel Psychology, 65*(1), 79–119. https://doi.org/10.1111/j.1744-6570.2011.01239.x

Oh, I., Guay, R. P., Kim, K., Harold, C. M., Lee, J., Heo, C., & Shin, K. (2014). Fit happens globally: A meta-analytic comparison of the relationships of person–environment fit dimensions with work attitudes and performance across East Asia, Europe, and North America. *Personnel Psychology, 67*, 99–152. https://doi.org/10.1111/peps.12026

Ruthsatz, J., Ruthsatz, K., & Stephens, K. R. (2014). Putting practice into perspective: Child prodigies as evidence of innate talent. *Intelligence, 45*, 60–65. https://doi.org/10.1016/j.intell.2013.08.003

Salgado, J. F. (2007). Análisis de Utilidad Económica de la Entrevista Conductual Estructurada en la Selección de Personal de la Administración General del País Vasco. *Revista de Psicología del Trabajo y de las Organizaciones, 23*(1), 139–154.

Saridakis, G., Lai, Y., & Cooper, C. L. (2017). Exploring the relationship between HRM and firm performance: A meta-analysis of longitudinal studies. *Human Resource Management Review, 27*(1), 87–96. https://doi.org/10.1016/j.hrmr.2016.09.005

Schmidt, F., Hunter, J., McKenzie, R., & Muldrow, T. (1979). Impact of valid selection procedures on work-force productivity. *Journal of Applied Psychology, 64*(6), 609–626. https://doi.org/10.1037/0021-9010.64.6.609

Schmidt, F. L., & Hunter, J. E. (1983). Individual differences in productivity: An empirical test of estimates derived from studies of selection procedure utility. *Journal of Applied Psychology, 68*(3), 407–414. https://doi.org/10.1037/0021-9010.68.3.407

Schmidt, F., & Zimmerman, R. (2004). A counterintuitive hypothesis about employment interview validity and some supporting evidence. *The Journal of Applied Psychology, 89*(3), 553–561. https://doi.org/10.1037/0021-9010.89.3.553

Tam, P.-W., & Delaney, K. J. (2005, noviembre 23). *Google's Growth Helps Ignite Silicon Valley Hiring Frenzy*. Wall Street Journal. https://www.wsj.com/articles/SB113271436430704916

Van Iddekinge, C. H., Aguinis, H., Mackey, J. D., & De-Ortentiis, P. S. (2018). A Meta-Analysis of the Interactive, Additive, and Relative Effects of Cognitive Ability and Motivation on Performance. *Journal of Management, 44*(1), 249–279. https://doi.org/10.1177/0149206317702220

Van Iddekinge, C. H., Arnold, J. D., Aguinis, H., Lang, J. W. B., & Lievens, F. (2023). Work Effort: A Conceptual and Meta-Analytic Review. *Journal of Management, 49*(1),

125–157. https://doi.org/10.1177/01492063221087641

Van Iddekinge, C. H., Lievens, F., & Sackett, P. R. (2023). Personnel selection: A review of ways to maximize validity, diversity, and the applicant experience. *Personnel Psychology*, *n/a*(n/a). https://doi.org/10.1111/peps.12578

Vianen, A. E. M. van. (2018). Person–Environment Fit: A Review of Its Basic Tenets. *Annual Review of Organizational Psychology and Organizational Behavior*, *5*(Volume 5, 2018), 75–101. https://doi.org/10.1146/annurev-orgpsych-032117-104702

Zhang, L., Van Iddekinge, C. H., Ployhart, R. E., Arnold, J. D., & Jordan, S. L. (2023). The definition and measurement of human capital resources: A content and meta-analytic review. *The Journal of Applied Psychology*, *108*(9), 1486–1514. https://doi.org/10.1037/apl0001088

Apéndice A: ¡Fortalece tus bases en la Selección de Personal con este Regalo Gratuito!

Como muestra de nuestro agradecimiento por adquirir este libro, te invitamos a descargar de forma gratuita nuestro libro complementario del Volumen 1: *Fundamentos Avanzados de la Selección de Personal*. Este valioso recurso te proporcionará una base sólida en los principios y conceptos más fundamentales de la selección, lo que te preparará para dominar las técnicas avanzadas que se presentarán a lo largo de esta serie. Así que, descarga este libro y aprovecha al máximo tu experiencia de aprendizaje.

Para descargar tu copia gratuita, simplemente escanea el siguiente código QR:

¡No te pierdas esta valiosa oportunidad de profundizar en el mundo de la selección de personal!

Apéndice B: Procedimientos para Cuantificar el Valor de los Empleados

Como su título lo indica, en este apéndice se detallarán procedimientos para cuantificar el valor económico de los empleados. En particular, se abordarán el procedimiento de estimación racional desarrollado por Schmidt et al. (1979) y la técnica de estimación del desempeño en dólares (CREPID) propuesta por Cascio & Ramos (1986).

Este contenido es un extracto de un artículo que publiqué anteriormente.

PROCEDIMIENTO DE ESTIMACIÓN RACIONAL

El primer procedimiento desarrollado para conocer el valor económico del empleado o mejor dicho para calcular la desviación estándar del valor del rendimiento en dinero (SDy) fue el Procedimiento de Estimación Racional (también conocido como estimación global) creado por Schmidt, Hunter, McKenzie y Muldrow en el año 1979.

Para comprender el procedimiento de estimación racional es importante que tenga en cuenta dos aspectos importantes. Primero, estos procedimientos se fundamentan en la teoría del juicio y la toma de decisiones, específicamente en la premisa de que los individuos tienen la capacidad para hacer evaluaciones racionales y precisas del desempeño laboral de otros empleados, así como su valor expresado en unidades monetarias (Schmidt et al., 1979).

Segundo, el procedimiento de estimación racional de Schmidt et al. (1979) tiene el siguiente razonamiento; si el valor económico del desempeño laboral se distribuye como una curva, la diferencia entre el valor económico de un empleado que se desempeña en el percentil 85 (una desviación estándar por encima del promedio) versus un empleado que se desempeña en el percentil 50 (promedio) es igual a SDy. Asimismo, la diferencia entre el valor económico de un empleado que se desempeña en el percentil 15 (una desviación estándar por debajo del promedio) versus un empleado que se desempeña en el percentil 50 (promedio) es también igual a SDy. Este fundamento también aplica para CREPID (el segundo procedimiento que desarrollaré más adelante).

Por otro lado, tenga en cuenta que los ejemplos que presentaré en este documento se basarán en el puesto de analista contable, Dicho esto, revisemos paso a paso el procedimiento de estimación racional desarrollado por Schmidt et al. (1979).

PROCEDIMIENTO:

Paso 1: elección de evaluadores.

La primera acción que debe realizar consiste en convocar a un mínimo de cuatro expertos en el puesto para el cual se pretende calcular el valor económico del empleado. Por ejemplo, para estimar la desviación estándar del desempeño (SDy) para el puesto de «Analista de contabilidad», los expertos evaluadores podrían ser los responsables o jefes del área contable, así como consultores especializados en contabilidad. Este paso inicial es igualmente aplicable para el procedimiento

CREPID que desarrollaré más adelante.

Tenga presente que el punto de corte sugerido de «4», como cantidad mínima de evaluadores (es todo mío) y se fundamenta en la recomendación de Kahneman et al. para mejorar la precisión de los juicios (Kahneman et al., 2021), como se observa, por ejemplo, en el caso de las entrevistas (Schmidt & Zimmerman, 2004). No obstante, también se sustenta en la lógica comprobada de los números grandes; es decir, mientras más individuos emitan un juicio mayor precisión se logrará si se promedia la valoración de dichos juicios. Por lo tanto, convocar a más evaluadores para estimar el valor monetario de los empleados será beneficioso.

Paso 2: presente las siguientes indicaciones descritas por Schmidt et al. (1979) a los expertos seleccionados (ver cuadro 1).

Cuadro 1. Cuestionario de Schmidt et al. (1979) para estimar el valor de SDy

Modelo de Cuestionario

"Las estimaciones de utilidad en bolivianos (Bs.) que le estamos pidiendo hacer son fundamentales para estimar el valor relativo a diferentes puestos de trabajo. Por tanto, tendrá que hacer algunas interpretaciones muy difíciles. Somos conscientes de lo difícil que puede ser dar un juicio y/o estimación. Tendrá que razonar por un tiempo antes de emitir un juicio de cada estimación, y probablemente no haya manera en la que pueda estar absolutamente seguro que su estimación haya sido precisa cuando tome una decisión.

No obstante, mantén en mente tres cosas: (1) La alternativa a las estimaciones de este tipo es la aplicación de procedimientos de contabilidad de costos para la evaluación del desempeño laboral. Tales aplicaciones suelen ser bastante costosas y al final solo producen estimaciones imperfectas, como este procedimiento de estimación. (2) Sus estimaciones se promediarán con las de otros supervisores y/o expertos de contabilidad. Por lo tanto, los errores producidos por proporcionar calificaciones demasiado altas y/o demasiado bajas, serán reducidas ya que, las estimaciones posteriores serán promediadas, proporcionando estimaciones finales más precisas. (3) Las decisiones que deben tomarse no requieren que todas las estimaciones sean precisas hasta el último centavo. Sustancialmente las estimaciones precisas conducirán a que el promedio final sean estimaciones aún más precisas.

Según su experiencia en puestos en contabilidad, nos gustaría que usted estimase el valor anual de los productos y servicios producidos por el analista contable promedio. Considere la calidad y cantidad de lo producido normalmente por un empleado promedio y cuanto es el valor de dicho producto. Al tratar de dar un valor a tal producto, puede servir de ayuda considerar lo que costaría hacer que otra organización u otra persona produjese tales bienes o servicios.

Basado en mi experiencia, yo estimo que para mi compañía el valor promedio de lo producido por el empleado promedio del puesto analista contable son: _____ bolivianos por año.

Ahora nos gustaría que usted considerara el empleado "superior", definiendo superior como aquel empleado que está en el percentil 85; es decir, cuyo desempeño es mejor que el 85 % de sus compañeros y que solo un 15 % de los empleados lo hacen mejor. Considere la cantidad y la calidad de lo producido normalmente por un empleado "superior". Seguidamente, estime el valor de estos productos y servicios. Al asignar un valor total a esta salida, de nuevo puede servir de ayuda considerar lo que costaría que alguien externo (una compañía, otra persona) proporcionase estos productos o servicios.

Basado en mi experiencia, yo estimo que para mi compañía el valor promedio de lo producido por el empleado "superior" del puesto analista contable son: _____ bolivianos por año.

Finalmente, nos gustaría que considerara al empleado "inadecuado", considerando empleado inadecuado aquel que es inferior al 85 % de los restantes empleados y solo supera al 15 %. Considere la cantidad y la calidad de lo producido normalmente por un empleado "inadecuado". Seguidamente, estime el valor de estos productos y servicios. Al asignar un valor de lo producido por un empleado inadecuado, de nuevo puede servir de ayuda considerar lo que costaría que alguien externo (una compañía, otra persona) proporcionase esa cantidad de productos o servicios y de esa calidad.

Basado en mi experiencia, yo estimo que para mi compañía el valor promedio de lo producido por el empleado "inadecuado" del puesto de analista contable son: _____ bolivianos por año".

Según Schmidt et al. (1979) "La redacción de este cuestionario fue cuidadosamente desarrollado y probado en una pequeña muestra de supervisores de programadores y psicólogos de personal. Ninguno de los supervisores de programadores que devolvieron los cuestionarios en el estudio informaron cualquier dificultad para comprender y realizar el cuestionario o para hacer las estimaciones" (p. 621). De modo que en el presente no se realizaron cambios en las instrucciones del estudio original, excluyendo la moneda de dólares a bolivianos y el puesto de programador de GS 9-11 a analista contable.

Una vez realizado el procedimiento anterior, debería tener la estimación de todos los expertos respecto al valor económico anual de los analistas contables del percentil 15, 50 y 85 respectivamente (ver tabla 1 para una ilustración).

Tabla 1

Estimación de los Expertos respecto al Valor Anual en bolivianos del Desempeño Inadecuado (percentil 15), Desempeño Promedio (percentil 50) y Desempeño Superior (percentil 85) de los Analistas Contables

Expertos	Percentil 15	Percentil 50	Percentil 85
1	34 000	38 000	42 000
2	29 000	37 000	43 000
3	40 000	42 000	52 200
4	36 900	39 200	45 800

Paso 3: promedie las estimaciones monetarias por niveles de percentil.

Ahora debe promediar las estimaciones del percentil 15, 50 y 85 respectivamente, por percentil. Por ejemplo, una de las formas para calcular el promedio del empleado en desempeño inadecuado (percentil 15) seria de la siguiente manera: sume las todas las estimaciones del percentil 15 (34 000 + 29 000 + 40 000 + 36 900 = 139 900), luego divida por la cantidad de expertos, en nuestro caso son cuatro 139 900/4 = 34 975. Por supuesto sería más eficiente utilizar fórmulas como las de Microsoft Excel para obtener el promedio.

En nuestro ejemplo el promedio de los percentiles 15, 50 y 85 sería 34 975; 39 050 y 45 750 respectivamente. Es importante que considere que las estimaciones promediadas del percentil 15, es el valor monetario anual de un analista de contabilidad inadecuado 34 975bs, 39 050 bs para el analista contable promedio y 45 750 para el analista superior. No obstante, se requiere un paso adicional para sacar SDy, ya que, como señalamos anteriormente, se supone que SDy está normalmente distribuido.

Paso 4: Promedie las diferencias entre la media del percentil 15 y 50 con el percentil 50 y 75.

En este paso debe calcular la diferencia entre la media del percentil 15 y 50 (es decir, entre 34 975 y 39 050). La diferencia entre estas dos cifras es de 4075. Y calcular la diferencia entre la media del percentil 50 y 85 (39 050 y 45 750) que es de 6700. Por último, el promedio de estas dos estimaciones es la desviación estándar del valor del rendimiento en dinero SDy (4075 y 6700 = 5387,5). En este sentido, SDy es = 5387,5 bs. Lo que quiere decir, que para nuestro ejemplo la diferencia de desempeño en términos económicos entre un analista contable promedio y un analista superior o pobre es de 5387,5 bs anuales.

TÉCNICA DE ESTIMACIÓN DEL DESEMPEÑO EN DÓLARES DE CASCIO-RAMOS (CREPID)

Cascio & Ramos (1986) también desarrollaron un procedimiento para estimar la desviación estándar del desempeño en términos económicos (CREPID), su fundamento se sustenta en la suposición de que el programa de compensación de una organización refleja las tasas de mercado para puestos de trabajo, por tanto, el valor económico del desempeño de cada empleado se refleja mejor en su salario.

El procedimiento de CREPID fue descrito inicialmente en (Cascio & Ramos, 1986) y posteriormente facilitado en otros escritos como en (Cascio et al., 2019; Cascio & Boudreau, 2011). El procedimiento que se describirá a continuación es una adaptación de estos dos últimos.

PROCEDIMIENTO:

Antes de realizar el paso 1, recuerde que debe seleccionar a un conjunto de expertos, tal como se indicó en el procedimiento de estimación racional de Schmidt et al. (1979). Estos expertos serán necesarios para el paso 4.

Paso 1:

El primer paso implica identificar las «actividades principales» o tareas que llevan a cabo los empleados del puesto para el cual se realizará la estimación (en nuestro ejemplo, analista contable). A menudo, esta información se puede obtener mediante el análisis de puestos. En otras, como señalan Cascio & Ramos (1986), se pueden derivar bajo la premisa de que una actividad debe abarcar al menos el 10 por ciento del tiempo total de trabajo para ser considerada como «principal». En nuestro ejemplo supondremos que el puesto de auxiliar contable consta de cinco actividades principales.

Paso 2:

Una vez identificado las actividades principales del puesto objetivo, debe calificar cada actividad principal en términos de tiempo/frecuencia e importancia. La relevancia de estos indicadores se evidencia en el siguiente ejemplo: un analista puede dedicar la mayor parte de su tiempo laboral a realizar tareas rutinarias como registrar, ordenar y almacenar archivos. Sin embargo, si elabora un informe semanal del estado de cuentas, que requiere en promedio pocas horas de su tiempo, el tiempo/frecuencia de esta actividad será breve, pero su relevancia será muy considerable. La calificación debe realizarse en base a una escala de 0 a 7 puntos. Considerando 0 poco y 7 bastante.

Luego multiplique las calificaciones numéricas de tiempo/frecuencia con las de importancia de cada actividad principal. El propósito de este paso es desarrollar un peso general para cada actividad principal asignada. Después de completar la multiplicación, sume los resultados de cada actividad (lo que daría en nuestro ejemplo un total de 78, ver Tabla 2). A continuación, divida el total de todas las actividades (78) por cada uno de los elementos (el resultado de la multiplicación realizada para cada actividad) y multiplique por 100 para obtener el peso relativo de cada actividad en porcentaje. Para la primera actividad de nuestro ejemplo, el cálculo sería el siguiente: 20 ÷ 78 = 0,256. Luego, 0,256 x 100 = 25,6 por ciento (Consulte la Tabla 2 para una ilustración).

El peso relativo nos permite asignar partes proporcionales del salario total del empleado a cada actividad principal.

Tabla 2

Cálculo del peso relativo de cada actividad principal del puesto Analista Contable

Actividad Principal	Tiempo/ Frecuencia	x Importancia	= Total	Peso Relativo en (%)
1	4	5	20	25,6
2	1	3	3	3,8
3	6	2	12	15,4
4	5	7	35	44,9
5	2	4	8	10,3
			78	100 %

Paso 3:

Luego, debe calcular el valor en bs. para cada actividad principal, para esto tome el promedio del salario anual del cargo seleccionado (analista contable) y distribúyalo a las actividades principales de acuerdo con los pesos relativos obtenido en el paso 2. En nuestro ejemplo supondremos que el salario anual promedio del analista contable es de 42 000 bs. Tomando en cuenta la primera actividad de nuestro ejemplo, el cálculo sería el siguiente: 25,6 x 42 000 % 100 = 10 752 bolivianos (Consulte la Tabla 3).

Tabla 3
Asignación de Pago por Actividad

Actividad Principal	Peso Relativo (%)	Valor en Bs.
1	25,6	10 752
2	3,8	1596
3	15,4	6468
4	44,9	18 858
5	10,3	4326
		42 000

Paso 4:

Para llevar a cabo este paso, debe consultar a los expertos seleccionados y solicitarles que estimen de manera consensuada cuán productivo o eficiente puede ser un analista contable en comparación con el trabajador promedio. La respuesta obtenida debería ser similar a, por ejemplo: «el mejor analista contable podría ser como máximo 2 veces (o 3, 4, 5, etc.) más productivo y valioso que el analista promedio». En nuestro caso, tomaremos como ejemplo «2 veces mejor».

Paso 5:

Luego, se debe pedir a los expertos que evalúen el rendimiento de todos los empleados (en el puesto seleccionado) en cada actividad principal, utilizando una escala que va desde 0 hasta la cifra estimada anteriormente (por ejemplo, «2»). Para ejecutar este proceso, se debe establecer un valor base (digamos, 1.0) y se agrega un punto de referencia (por ejemplo, el empleado promedio del percentil 50). Por lo tanto, 1.0 representa el desempeño del trabajador promedio. Los expertos utilizan este referente para evaluar el desempeño de todos los empleados en cada actividad. Por ejemplo, una calificación de 2,00 indicaría que consideran que el empleado evaluado realiza la actividad principal «X» dos veces mejor que el promedio, mientras que una calificación de 0,50 significaría que el empleado realiza la actividad la mitad de bien que un empleado promedio.

Este paso busca determinar el nivel de eficiencia de cada empleado en cada actividad principal (ver Tabla 4).

Paso 6:

En este paso debe multiplicar el desempeño estimado de cada empleado en cada actividad por el valor en bolivianos de cada actividad. Por ejemplo, si tomamos en cuenta la cuarta actividad de nuestro ejemplo del empleado «X», el cálculo sería el siguiente: 2 x 18,858 = 37,716 bolivianos. Por último, sume el peso del desempeño en bolivianos de cada actividad principal (58,200 bolivianos en nuestro ejemplo, consulte la Tabla 4).

Llegado a esta etapa, ya habrá determinado el valor monetario del desempeño laboral de cada empleado, es decir, podrá decir que el valor económico del trabajador «X» es 58,200 bolivianos y el valor del trabajador «Z» es 37,000 bolivianos, etc.

Tabla 4

Cálculo del Valor Económico del Desempeño Laboral

Empleado "X"	Desempeño (0 a 2)	Valor en Bs.	Peso del desempeño en Bs.
Actividad 1	1	10 752	10 752
Actividad 2	1,5	1596	2394
Actividad 3	0,8	6468	5174
Actividad 4	2	18 858	37 716
Actividad 5	0.5	4326	2163
			58 200

Paso 7:

En el séptimo y último paso, debe calcular la media y la desviación estándar del desempeño valorado en bolivianos de todo el personal evaluado. Es decir, si se llevó a cabo este procedimiento en 10 analistas contables, se sumaría el valor económico del desempeño laboral de los 10 y se dividiría por la cantidad de trabajadores, en este caso, 10.

El resultado de este ejercicio (el promedio), sería el valor económico del desempeño laboral de un trabajador promedio en esa organización. Mientras tanto, la desviación estándar de todos los valores, representaría a SDy. Por ejemplo, si el promedio es 55 000 bolivianos y SDy es 15 000, esto significaría que en este puesto en cuestión el valor de un talento oscilaría alrededor de 70 000 bolivianos, 55 000 bolivianos para la media, y 40 000 bolivianos para el trabajador inadecuado.

Apéndice C: Clasificación de Trabajos por nivel de Complejidad

Trabajos Complejos

Científicos e Investigadores	Profesionales de Salud	Profesionales de Derecho y Finanzas
Químico	Médico	Consultor financiero
Neurocientífico	Cirujano	Abogado
Físico	Farmacéutico	Juez
Científico investigador	Psicólogo clínico	Auditor
Ingenieros y Técnicos	**Gerentes y Directores**	**Educadores y Editores**
Ingeniero de software	Director de proyectos	Profesor universitario
Ingeniero civil	Gerente comercial	Editor científico
Ingeniero aeroespacial	Gerente de operaciones	Editor de Libros
Desarrollador de inteligencia artificial	Director de marketing	Diseñador instruccional

Trabajos de Complejidad Media

TÉCNICOS Y SOPORTE	PROFESIONALES DE SERVICIOS	PROFESIONALES DE SALUD Y BIENESTAR
Técnico en laboratorio	Asesor financiero personal	Enfermero
Técnico en soporte informático	Especialista en marketing digital	Fisioterapeuta asistente
Técnico en radiología	Agente de seguros	Instructor de fitness
Técnico en telecomunicaciones	Consultor de ventas corporativas	Terapeuta ocupacional asistente
CREATIVOS Y DISEÑADORES	PROFESIONES ADMINISTRATIVAS	OTROS PROFESIONALES
Coordinador de eventos	Gerente de tienda	Creador de contenido para redes sociales
Diseñador de interiores	Asistente de recursos humanos	Chef
Diseñador gráfico	Secretariado	Barista especializado
Fotógrafo profesional	Representante de servicio al cliente	Terapeuta de masaje deportivo

Trabajos de Complejidad Baja

Atención al Cliente y Servicios	Operaciones y Mantenimiento	Venta y Promoción
Recepcionista	Conserje	Promotor de ventas
Cajero	Empleado de limpieza	Empacador de regalos
Valet	Recolector de basura	Teleoperador
Lavaplatos	Ayudante de mantenimiento	Merchandiser
Apoyo Administrativo	**Logística y Transporte**	**Producción y Manufactura**
Ayudante de biblioteca	Empleado de almacén	Empacador de productos
Auxiliar de archivos	Repartidor de comidas	Operador de ensamblaje
Mensajero	Ayudante de carga y descarga	Trabajador de línea de producción
Operador de central telefónica	Chofer	Operador de maquinaria simple

Acerca del autor

Cristian F.C. es psicólogo laboral, emprendedor y escritor con más de 20 años de experiencia en el campo de Recursos Humanos y Psicología Industrial/Organizacional (I/O). Ha sido profesor invitado en el programa de MBA de la Tuck School of Business de Dartmouth College (EE. UU.) y en la Universidad de Buenos Aires (UBA), Argentina. Previamente trabajó como Jefe/Gerente de adquisición de talento en BBVA, ManpowerGroup y LinkedIn.

Cristian F.C. ha centrado su carrera en perfeccionar la ciencia detrás de la Selección de Personal y la Gestión del Talento, convirtiéndose en un referente en estas áreas clave. Es autor de la aclamada serie 'SELECCIÓN DE PERSONAL AVANZADA: +100 AÑOS DE CONOCIMIENTO', una obra (en proceso) que integra más de un siglo de conocimientos y estrategias de contratación.

Con un enfoque profundo en temas como inteligencia, personalidad, diseño de currículums y entrevistas de trabajo, Cristian aporta una visión innovadora al desarrollo del talento. Actualmente reside en Madrid, España. Encuéntralo en LinkedIn.

www.ingramcontent.com/pod-product-compliance
Lightning Source LLC
Chambersburg PA
CBHW071836210526
45479CB00001B/157